제약회사 이대리의
억대연봉 비밀노트

제약회사 이대리의
억대연봉 비밀노트

고연봉 고성장 고복지의 세계

초 판 1쇄 2025년 05월 12일

지은이 박상호
펴낸이 류종렬

펴낸곳 미다스북스
본부장 임종익
편집장 이다경, 김가영
디자인 윤가희, 임인영
책임진행 김은진, 이예나, 김요섭, 안채원, 장민주

등록 2001년 3월 21일 제2001-000040호
주소 서울시 마포구 양화로 133 서교타워 711호
전화 02) 322-7802~3
팩스 02) 6007-1845
블로그 http://blog.naver.com/midasbooks
전자주소 midasbooks@hanmail.net
페이스북 https://www.facebook.com/midasbooks425
인스타그램 https://www.instagram.com/midasbooks

ⓒ 박상호, 미다스북스 2025, *Printed in Korea.*

ISBN 979-11-7355-227-4 03320

값 19,000원

미다스북스는 다음세대에게 필요한 지혜와 교양을 생각합니다.

제약회사 이대리의 역대연봉 비밀노트

박상호 지음

고연봉
고성장
고복지의 세계

Secrets of
Pharmaceutical
Companies

미다스북스

가정형편이 좋지 않았던 저에게 최고의 직장은 연봉이 높은 회사였습니다. 그래서 대학 졸업 후, 저는 대기업과 금융권만 지원하였습니다. 하지만 대기업과 금융권의 벽은 생각했던 것 이상으로 높았습니다. 그렇게 1년이라는 시간이 흘렀고 계속되는 불합격으로 저의 자신감과 자존감은 점점 바닥을 향해 가고 있었습니다. 그러던 중 친구로부터 제약회사에 관한 이야기를 듣게 되었고, 조사를 해보니 제약회사의 연봉과 복지는 대기업 못지않았습니다.

그렇게 저의 제약회사 생활은 시작되었고, 월세 12만 원짜리 고시원에서 시작하여 원룸, 오피스텔을 거쳐 회사 생활 9년 8개월 차에, 부산 동래구에서 가장 큰 별을 볼 수 있는 아파트까지 올 수 있게 되었습니다.

저는 제약회사를 목표로 하라고 말하는 것이 아닙니다.

다만, 지나치게 대기업과 공무원만 바라보지는 않았으면 합니다. 낙타가 바늘구멍을 통과하는 것만큼 힘든 취업시장에서 제약회사라는 꽤 괜찮은 선택지도 있다는 것을 알려주고 싶었습니다.

2024년 우리나라 상위 10위 제약회사의 연 매출 평균은 약 1조 8,000억 원이며, 1위인 삼성바이오로직스는 연 매출 4조 5,473억 원, 영업이익 1조 3,201억 원을 기록하며 사상 최대 실적을 달성했습니다. 제가 제약회사에 관해 알아보던 2008년 당시 1위였던 기업의 매출액이 약 7,000억 원이었던 것과 비교하면 제약회사는 엄청난 성장을 한 것을 알 수 있습니다.

제약회사들의 연구개발비가 지속적으로 증가하고, 신약 출시를 앞두고 있는 기업들이 늘어나고 있습니다. 이에 따라 국내 제약산업의 규모는 계속해서 증가할 것입니다.

이 책은 제약회사 취업을 준비하고 있는 분, 취업의 문을 두드리고 있지만 막막함 속에 서 있는 분들에게 실무자의 눈으로 바라본 현실적인 조언과 누구도 말해주지 않는, 그러나 반드시 알아야 할 진짜 이야기들을 담았습니다.

누구든 도전할 수 있습니다.
다만, 정확한 방법과 방향을 알고 시작해야 합니다.

이 한 권의 책이, 그 여정의 든든한 동반자가 되길 바랍니다.
당신의 취업을 진심으로 응원합니다.

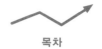

목차

PART 2.
취업의 판도를 바꿀 완벽한 전략

PART 3.
기초 영업, 이건 알아야 한다

PART 4.
실전 영업, 이기는 영업

PART 5.
사회 초년생 후배를 위한 따뜻한 조언

PART 1.

제약회사의
문을 열다

1.
제약회사, 무엇을 하는 곳일까?

1) 내가 제약회사를 선택한 이유

대학 졸업 예정자의 자격을 갖추면서, 난 대한민국 국민이면 모두가 알만한 대기업에 입사지원서를 넣었다. 삼성전자, 현대중공업, LG화학, 롯데케미칼, 포스코 등 40여군데의 기업에 도전했으나, 최종 문턱을 넘지 못했다.

대기업뿐만 아니라 은행과 증권회사에도 문을 두드렸으나, 그 문은 끝내 열리지 않았다. 내가 대기업과 금융권에 취업하고 싶은 이유는 3가지였다.

첫 번째, 높은 연봉이었다. 중앙일보 뉴스 자료에 따르면 2023년 대기업 근로자 월평균 소득은 591만 원인데 반해 중소기업 근로자 월평균 소득은 286만 원으로 두 배 이상의 차이가 났다고 한다. 내가 취업을 준비하던 2008년에도 두 배 가까운 차이가 났었던 걸로 기억한다.

두 번째, 복지혜택이었다. 대기업에서는 다양한 복지를 제공하였다. 퀄리

티 높은 건강검진, 자녀학자금 지원, 자기 계발비, 문화 생활비 등 많은 혜택이 주어졌다.

세 번째, 명함이었다. 거인의 어깨에 올라타고 싶었다. 대기업의 명함은 곧 나의 브랜드파워이기도 했다.

이런 이유로 난 대기업만 고집하다 1년이라는 시간을 허비하고 말았다. 계속되는 불합격으로, 나의 자존감은 점점 바닥을 향해갔고, 친구들은 한둘씩 취업에 성공하며, 난 친구들과의 관계에서도 조금씩 멀어져 가고 있었다.

그렇게 계속해서 계란으로 바위 치기를 하고 있었는데, 대학 동기가 "계속 대기업만 고집하지 말고 제약회사 쪽 한번 알아봐. 거기도 연봉이 대기업 못지않아."라고 조언해 주었다.

제약회사는 한 번도 생각해 본 적 없었는데, 그 친구의 말을 듣고 구글과 네이버에서 제약회사에 관한 정보를 수집했다. 인터넷 검색으로 알아본 결과, 제약회사의 매출액은 내가 생각했던 것 이상이었다. 2008년 매출액 1위~3위는 나도 들어 본 적 있는 유명한 제약회사였다. 3개 회사 모두 연매출 5,000억이 넘었으며, 임직원 수도 2,000명 정도의 규모였다. 연봉은 대기업과 크게 차이 나지 않았고, 복지도 기대 이상의 수준에, 각종 인센티브와, 일일 활동비(일비)라는 명목으로 출근한 날짜만큼 하루에 2~5만 원을 받을 수 있었다. 하지만, 일비는 영업부에 한해서만 지급이 되었다.

내가 대기업에 취업하고 싶어 했던 3가지 이유 중 2가지를 충족시켜 주었다. 거인의 어깨까지는 아니지만, 거인이 되어가고 있는 제약회사의 어깨에 올라타기로 결심했다. 그렇게 나는 제약회사 영업부서 여러 곳에 입사 지원을 하였고, 국내 제약회사와 외국계 제약회사 두 곳 모두 합격하였다.

벌써 15년이라는 세월이 흘렀고 영업부에서 시작하여, 경영전략부, 인사총무팀으로 부서 이동을 하면서 제약업계 전체적인 흐름을 알 수 있게 되었다.

15년이라는 시간이 흐른 만큼 제약산업도 많이 변했고, 나에게도 많은 변화가 생겼다.

제약회사는 나에게 많은 기회와 혜택을 주었다.

2) 20, 30대가 취업하고 싶은 기업 순위

2023년, 전국경제인연합회(전경련)가 여론조사기관 모노리서치에 의뢰해 20, 30대 827명을 대상으로 진행한 취업 하고 싶은 기업 순위 결과는 다음과 같았다.

순위	선호기업	응답비율(%)
1위	워라밸을 보장하는 기업	36.60%
2위	급여, 성과 보상 체계가 잘 갖추어진 기업	29.60%
3위	정년 보장, 오래 일할 수 있는 기업	16.30%
4위	기업문화의 수평화, 소통이 잘되는 기업	3.80%
5위	사회적 기여도가 높은 기업	3.30%

40대 중반인 내가 처음 취업할 당시에는 '워라밸'이라는 단어조차 생소했

던 것 같은데 20, 30대는 급여보다 워라밸을 더 중요시 하는 것을 알 수 있다.

2021년 구인구직 매칭 플랫폼 사람인이 2030세대 1,865명을 대상으로 실시한 설문조사에 따르면, 1위가 연봉, 2위가 워라밸이었는데, 2년 사이에 1위와 2위의 순위가 바뀐 것을 알 수 있다.

3) 하나의 약이 세상에 나오려면

우선, 제약산업이 무엇인지부터 알아보자.

제약산업은 인간의 질병을 치료하고, 건강을 개선시키기 위해 의약품을 개발, 제조, 판매하는 산업이다. 제약회사는 의약품을 만들어 병원과 약국 등에 공급하여, 건강한 삶을 유지하도록 도움을 준다.

제약산업의 주요 업무는 크게 3가지로 나눌 수 있다.

첫째, 신약 개발이다. 새로운 약을 만들기 위한 연구가 시작된다. 연구실에서 새로운 화합물이나 생물학적 물질을 연구하고, 이 물질이 질병을 치료하는 데 효과적인지 테스트한다.

둘째, 임상시험 진행이다. 신약이 효과가 있을 것으로 판단되면, 실제 사람을 대상으로 시험(임상시험)을 진행한다. 안전성과 효과를 확인하기 위해 1~3단계의 임상시험을 거치며, 이 과정은 수년이 걸리는 어려운 작업이다.

셋째, 판매 및 유통을 들 수 있다. 임상시험에 성공한 신약은 정부의 허가를 받고 시장에 출시된다. 제약회사들은 병원, 약국, 의사, 약사에게 약을 소개하고 판매한다.

제약회사는 크게 외국계 제약회사와 국내 제약회사로 구분할 수 있고, 외국계 제약회사로는 화이자, 노바티스, 아스트라제네카 등이 있으며, 국내 제약회사에는 셀트리온, 유한양행, 녹십자, 한미약품 등이 있다.

정부 기관은 의약품의 안전성과 효과를 검토하고 승인하는 역할을 담당하며, 의료기관은 제약회사가 만든 의약품을 처방하고 판매하여 최종 소비자에게 연결되는 중요한 역할을 하고 있다.

4) 외국계 제약회사와 국내 제약회사

제약회사는 외국계 제약회사와 국내 제약회사로 구분할 수 있다.

외국계 제약회사는 일반적으로 규모가 매우 크다. 세계 여러 나라에 지사를 두고 있고, 글로벌 네트워크를 통해 신약 개발, 마케팅, 유통을 국제적으로 진행하고 있다. 화이자(Pfizer), 존슨앤존슨(Johnson and Johnson), 머크(Merck), 로슈(Roche), 노바티스(Novartis)와 같은 회사들은 전 세계적으로 잘 알려져 있다. 외국계 제약회사는 글로벌 자원과 연구 인프라를 통해 신약 개발에 많은 투자를 하고 있다.

국내 제약회사는 주로 국내 시장을 기반으로 하며, 현재 많은 국내 제약회사들이 해외 시장으로 확장하기 위해 노력하고 있다. 삼성바이오로직스, 셀트리온, 유한양행, 대웅제약, 종근당 등은 글로벌 시장에서도 성과를 내고 있지만, 외국계 제약회사에 비해 국제적인 네트워크나 규모는 상대적으로 작다. 그러나 최근 몇 년간 해외 진출을 통해 점차 글로벌 시장에서의 입지를 다지고 있다.

신약 개발 및 연구 투자에 관해 설명하면, 외국계 제약회사는 R&D(연구개발)에 막대한 자금을 투자한다. 대규모 연구소를 보유하고 있으며, 매년 수십억 달러를 신약 개발에 투자한다. 주로 혁신적인 신약 개발을 목표로 하고, 글로벌 임상시험을 통해 신약을 시장에 출시하는 데 집중한다.

국내 제약회사들은 신약 개발보다는 제네릭 의약품(특허가 만료된 약의 복제약)을 생산하는 데 더 집중해 왔지만, 최근에는 신약 개발에도 많은 투자를 하고 있으며, 일부 국내 제약회사들은 바이오 의약품이나 첨단 치료제를 개발하여 글로벌 무대에서 성과를 내고 있다. 그러나 외국계 제약회사에 비해 R&D 예산이나 글로벌 임상 역량은 아직 제한적이다.

조직문화 측면에서 살펴보면 외국계 제약회사는 대체로 수평적인 조직 문화를 가지고 있으며, 직원들의 자율성과 창의성을 중시한다. 실적 중심의 평가가 이루어지며, 성과에 따른 보상 체계가 명확하게 정리되어 있다. 또한 영어로 업무를 진행해야 할 경우가 있기에 기본적인 영어 실력을 갖추고 있어야 한다. 다국적 팀에서 일할 기회도 생기며, 글로벌 프로젝트에 참여할 가능성도 크다.

국내 제약회사는 과거에는 비교적 전통적이며, 위계적인 조직문화가 유지되는 경우가 많았다. 팀 내 상하 관계가 뚜렷하며, 의사결정이 위로부터 내려오는 경우가 많았지만, 최근 많은 변화가 일어나고 있으며, 수평적이고 창의적인 문화를 도입하려는 시도가 많아지고 있는 추세이다.

신약 출시 및 마케팅 전략을 살펴보면, 외국계 제약회사들은 주로 글로벌 신약을 중심으로 마케팅을 진행한다. 전 세계적으로 임상시험을 거친 신약을 국내 시장에 도입하며, 강력한 브랜드 이미지와 마케팅 파워를 가지고 있다. 의료진을 대상으로 한 신뢰성 높은 데이터를 기반으로 영업을 진행하며, 마케팅의 범위가 매우 넓다고 할 수 있다.

국내 제약회사들은 국내 시장에서 제네릭 의약품과 기존에 있는 제품들의 마케팅에 더 집중하는 경향이 있다. 외국계 제약회사에 비해 마케팅 자원이 한정적이지만, 지역별 영업 네트워크와 관계를 중요시하는 영업 전략을 잘 구사한다. 최근에는 바이오의약품이나 새로운 치료제의 마케팅에도 적극 투자하고 있다.

[참고 1] 국내 제약회사 매출 Top 20

'전자공시 시스템과 메디파나 뉴스' 자료를 참고하면 2024년 국내 제약회사 매출 순위는 다음과 같다.

순위	제약회사	매출(백만 원)	영업이익(백만 원)
1	삼성바이오로직스	4,547,322	1,320,052
2	셀트리온	3,557,304	492,016
3	유한양행	2,067,791	54,880
4	GC녹십자	1,679,892	32,107
5	광동제약	1,640,719	30,097
6	종근당	1,586,431	99,462
7	한미약품	1,495,502	216,186
8	대웅제약	1,422,683	147,942
9	보령	1,017,107	70,472
10	HK이노엔	897,142	88,224
11	동국제약	812,166	80,420
12	JW중외제약	719,376	82,488
13	제일약품	704,542	-18,927
14	동아에스티	697,869	32,500
15	일동제약	614,941	13,119
16	대원제약	598,163	28,192
17	휴온스	590,231	39,695
18	SK바이오팜	547,596	96,340
19	한독	507,358	539
20	셀트리온제약	477,835	37,223

내가 제약회사에 관해 알아보던 2008년, 국내 1위~3위 매출액 평균이 5,700억 원이었는데, 16년이 지난 2024년 국내 1위~3위 매출액 평균은 3조 3,000억 원으로 성장하였다. 끊임없는 연구개발과 혁신을 바탕으로, 국내 제약회사들이 신약 출시에 박차를 가하고 있다. 이에 따라 국내 제약회사의 몸집은 더욱 커질 것이다.

[참고 2] 외국계 제약회사 매출 Top 10

제약바이오 전문 컨설팅 회사인 'PASA'의 자료에 의하면 2023년 외국계 제약회사 매출 순위는 다음과 같다.

순위	제약회사	매출(억 달러)
1	Pfizer	585
2	Johnson and Johnson	547
3	AbbVie	543
4	Merck	536
5	Roche	499
6	Sanofi	461
7	AstraZeneca	458
8	Novartis	454
9	Britol Myers Squibb	450
10	Glaxo Smith Kline	384

제약산업은 해마다 놀라운 성장세를 보이며, 선진국들의 중요한 국가 산업으로 지정되고 있다.

글로벌 제약시장은 상위 10대 제약회사의 매출액이 전체 시장의 약 60%를 차지하고 있으므로, 상위 10위 글로벌 제약회사의 트렌드를 이해하는 것은 매우 중요하다.

2.
제약회사 역사와 기초용어

1) 우리나라 최초의 제약회사

우리나라 최초의 제약회사는 동화약품으로, 1897년에 설립된 동화약방이 그 시초이다.

동화약품이라는 회사 이름은 몰라도 '활명수'는 들어 봤을 것이다.

'활명수'는 조선왕조 고종 임금이 대한제국 임금으로 즉위하던 당시, 궁중 선전관으로 있던 민병호 선생이 궁중에서만 복용 되던 생약의 비법을 일반 국민에까지 널리 보급 하고자 서양의학을 접목하여 개발한 우리나라 최초 의 신약이며, 양약으로, 지금까지도 판매되고 있는 장수 브랜드이다.

1910년 동화약방이 동화약품 주식회사로 회사명을 변경하였고, 다양한 양약을 생산하며 본격적인 제약회사로 성장했다. 1940년대 일제강점기에 는 제약 사업을 통해 민족의 건강을 지키는 일에 힘썼으며, 1950년대 한국

전쟁 이후에는 다양한 의약품을 개발해 국가 재건에 기여하였다.

이후 동화약품은 다양한 의약품을 개발하며, 꾸준히 성장했고, 1980년대와 1990년대에는 품질을 높이고 글로벌 경쟁력을 강화하기 위해 연구개발을 확대하였다. 현재 동화약품은 '활명수' 외에도 다양한 일반의약품과 전문의약품을 제공하며 제약업계의 선두 주자로 자리매김하고 있다.

2) 세계 최초의 제약회사

세계 최초의 제약회사는 독일의 머크(Merck)로, 1668년 프리드리히 야콥 머크(Friedrich Jacob Merck)가 다름슈타트에서 엔젤 약국을 인수하면서 시작되었다.

머크는 19세기 초반 에마누엘 머크의 주도하에 아편에서 모르핀을 분리하고 상업적으로 판매하는 등 제약산업의 발전에 큰 기여를 하였다.

머크는 현재, 65개국에 진출해 있으며 바이오 파마, 라이프 사이언스, 일렉트로닉스 등 다양한 분야에서 활동하고 있다.

머크의 한국 지사인 한국 머크는 1,700명이 넘는 직원들이 근무하고 있다.

350년이 넘는 역사와 혁신을 바탕으로, 머크는 과학과 기술을 통해 인류의 진보에 지속적으로 기여하고 있다.

3) 의약품 공급의 숨은 조력자, 의약품 도매상

의약품 도매상은 제약회사에서 생산된 의약품을 구매하여 병원, 약국 등

최종 소비자에게 의약품을 공급하는 중간 유통업체이다. 의약품 도매상에 관해 자세히 알아보자.

1 의약품 유통 및 공급 관리

의약품 도매상은 제약회사로부터 다양한 의약품을 대량으로 구매한 후 병원, 약국 등 각종 의료기관에 공급한다. 이를 통해 의료기관은 다양한 의약품을 편리하게 확보할 수 있고, 환자들은 필요한 약을 적시에 제공받을 수 있다.

도매상은 의약품의 공급을 안정적으로 유지하여, 특정 의약품의 수급이 어려울 때도 의료기관과 협력하여 대체 약품을 추천하거나, 빠른 추가 공급을 지원한다.

2 재고 관리 및 품질 유지

의약품은 유통기한이 엄격하고 보관 환경이 중요하므로 도매상은 재고 관리와 품질 관리에 높은 책임을 진다. 의약품이 적절한 온도와 습도에서 보관될 수 있도록 냉장 시설과 품질 관리 시스템을 운영하며, 재고가 오래되지 않도록 효율적인 물류 시스템을 구축하고 있다.

3 의약품 정보 제공과 관리

의약품 도매상은 약국과 병원에 의약품의 가격, 효능, 적응증 등 다양한 정보를 제공하며, 최신 약물의 도입이나 신제품에 대한 정보를 의료기관에 알리는 역할도 한다.

이를 통해 의사와 약사가 환자에게 적절한 약을 추천할 수 있도록 돕고, 의약품 사용에 필요한 정보를 전달한다.

4 가격 협상 및 유통 비용 절감

도매상은 의약품을 대량 구매하여 의료기관에 공급하는 역할을 한다.

제약회사와 협상하여 가격을 조정하고, 의료기관에 부담을 줄일 수 있는 비용 구조를 제공하며, 대량 구매와 함께 물류비용을 절감하여 최종 소비자에게 합리적인 가격으로 의약품이 전달될 수 있는 역할을 한다.

5 법적 규제 준수 및 인증

의약품은 의료품 관리법 등 엄격한 법적 규제를 받기 때문에, 도매상은 법적 요건을 철저히 준수해야 한다. 각국의 식약처나 의약품 관리 당국으로부터 의약품 도매업 허가를 받아야 하며, 보관 · 운송 · 관리 등에 관한 규정을 지켜야 한다.

유효기간, 제조 일자, 원산지 등의 정보를 투명하게 관리하고, 문제 발생 시 신속하게 회수할 수 있는 시스템을 구축하고 있다.

6 의약품 수급 조절과 재난 상황 대응

도매상은 의약품 수급 상황을 모니터링하여 지역별 수요와 공급의 균형을 맞추는 역할도 한다. 재난, 팬데믹 등의 위급 상황에서는 의약품이 필요한 지역에 빠르게 공급되도록 유통을 조절하며, 백신 등 필수 의약품의 원활한 공급에 기여한다.

7 의약품 도매상의 단점

의약품 유통 과정에서 가격 구조의 복잡성으로 인해 소비자가격이 불필요하게 상승할 수 있으며, 도매상의 운영 방식에 따라 특정 제약사에 의존하거나, 가격 경쟁으로 인해 서비스 질이 저하될 가능성도 있다.

4) 1차, 2차, 3차 병원의 구분

병원은 진료과목 수와 병상수에 따라 1차, 2차, 3차 병원으로 나뉜다.

1차 병원은 흔히 동네에서 보는 개인병원을 뜻한다. 30병상 이하의 입원실을 보유하고 있고, 흔히 감기나 두통 등의 경미한 질병의 경우에 방문하게 된다. 제약업계에서는 1차 병원을 로컬병원, 클리닉 병원이라고 부르는데 영업사원의 경우 로컬이라는 단어를 주로 사용한다.

2차 병원은 100~500병상의 입원실을 보유하고 있으며, 진료과목이 아홉개 이상으로, 1차 병원보다 조금 더 정밀한 진료와 검사를 받을 수 있다. 제약업계에서는 종합병원, 혹은 줄여서 종병이라고 주로 부른다.

3차 병원은 상급종합병원이라고 부르며, 500개 이상의 병상을 가지고 진료과목이 20개 이상인 대형 병원이다. 서울대학교 병원, 서울아산병원, 삼성서울병원 등이 여기에 속한다.

5) 일반의약품, 전문의약품

의약품은 크게 일반의약품과 전문의약품으로 나눌 수 있다.

일반의약품은 전문용어로 OTC라고 한다. 'Over The Counter'의 약자로 쉽게 말해서 의사의 처방전 없이 약국에서 구입할 수 있는 약을 말한다. 우리가 잘 알고 있는 타이레놀, 게보린, 부르펜 같은 약물들이 일반의약품이다.

전문의약품은 전문용어로 ETC라고 한다. 'Ethical The Counter'의 약자로 의사의 처방전이 반드시 있어야만 약을 구입할 수 있다. 잘못 사용하면 부작용이 있을 수 있어, 의사의 진단과 관리가 필수이다. 약효가 강력하고 특정 질환에 맞춰 만들어졌기 때문에, 정확한 용법용량과 복용 시간을 준수해야 한다.

혈압약, 당뇨약, 항생제, 항암제 등이 ETC에 속한다고 보면 된다.

6) 생물학적 동등성 시험

생물학적 동등성(생동성)이란, 두 약물이 같은 유효 성분을 가지고 있을 때, 몸 안에서 동일하게 작용하는지를 확인하는 개념이다. 이는 주로 복제약(제네릭약)이 오리지널약과 같은 효과를 나타내는지 평가할 때 사용된다.

오리지널약이 특허가 만료되면 제약회사는 같은 성분으로 복제약을 만들 수 있지만, 복제약이 오리지널약과 동일한 효과를 보장하는 것이 중요하다. 이때 생물학적 동등성을 확인하는 것이 필수적이다.

생물학적 동등성 시험은 주로 두 약물이 혈액 내에서 같은 속도로 흡수되고 배출되는지 비교하는 방식으로 진행된다. 이를 위해 두 약물을 사람에게 투여한 후, 일정 시간 동안 혈중 농도를 측정하여 두 약물이 동일한 최대 농도(C_{max})와 흡수 시간(T_{max})을 가지는지 분석한다. 이 수치들이 유사하다면, 두 약물은 생물학적으로 동등하다고 평가된다.

생물학적 동등성이 입증되면, 두 약물은 동일한 효과를 나타낼 것으로 기대할 수 있다. 이는 복제약이 오리지널약과 같은 치료 효과를 제공함을 의미하며, 소비자는 저렴한 가격으로도 신뢰할 수 있는 약을 사용할 수 있게 되는 것이다.

예를 하나 들어보면, 아세트아미노펜이 주성분인 타이레놀(오리지널약)과 그 복제약인 제네릭 아세트아미노펜이 생물학적으로 동등하다면, 두 약물은 같은 효과를 낼 것으로 기대된다는 말이다.

생물학적 동등성은 약물의 안전성과 효과를 보장하기 위한 중요한 기준으로, 이를 통해 소비자는 복제약을 안전하게 사용할 수 있다.

7) 함께의 힘, 코프로모션 전략

코프로모션(co-promotion)은 두 개의 제약회사가 특정 의약품을 공동으로 마케팅하고 영업하는 전략이다. 이 방식은 제품의 시장 점유율을 높이고 마케팅 비용을 절감하며, 서로의 강점을 최대한 활용하는 데 목적이 있다.

제약회사는 동일한 제품을 각자의 영업팀을 통해 함께 홍보한다. 서로 다른 회사의 영업 네트워크와 자원을 활용함으로써 더 넓은 고객층에 접근할 수 있다.

일반적으로 양측이 브랜드 전략, 마케팅 메시지, 가격 정책 등을 협의하여 일관된 마케팅 활동을 수행한다. 코프로모션을 통해 제약회사들은 서로의 영업망, 전문 지식, 현지 시장에 대한 이해를 공유하게 된다.

예를 들어, 한 회사는 종합병원에 강력한 네트워크를 갖고 있는 반면, 다른 회사는 로컬병원에 강점을 가진 회사가 있다면, 두 회사가 각자의 강한 영역에서 동일한 제품을 홍보함으로써 시장 접근성을 높일 수 있다.

연구개발 비용이 높고 마케팅 비용이 많이 드는 제약산업에서 코프로모션은 비용 효율성을 극대화할 수 있는 전략이기도 하다. 개발과 생산에 투자한 비용 부담을 나눌 수 있으며, 각 사의 마케팅 예산을 줄이면서도 보다 좋은 성과를 기대할 수 있다.

두 회사가 협력함으로써 제품 신뢰도를 높일 수 있어, 시너지 효과가 나타나게 된다.

하지만, 영업 전략이나 마케팅 방안의 의견 차이, 성과 배분 문제 등 협력 과정에서 갈등이 발생하기도 한다.

8) 약물 선택의 새 기준, 성분명 처방

성분명 처방은 약의 제품 이름이 아닌, 주성분의 이름으로 처방을 내리는 방식을 말한다. 의사는 약의 성분명을 처방하고, 환자는 이를 기반으로 약국에서 동일한 성분을 가진 다양한 제네릭 의약품 중 하나를 선택해 조제받게 된다.

예를 들면 의사가 '타이레놀'이라는 상품을 처방하는 것이 아니라, 타이레놀의 주성분인 '아세트아미노펜'으로 처방을 하는 것이다.

성분명 처방의 장점과 단점에 관해 알아보자.

🔖 성분명 처방의 장점

① 의료비 절감
성분명 처방은 제네릭 의약품을 사용할 수 있도록 하여, 비용이 저렴한 약을 선택할 기회를 제공한다. 이는 건강보험 재정 절감에 기여하고, 환자의 개인적 의료비 부담을 줄이는 효과가 있다.

② 환자의 선택권 확대
성분명 처방으로 환자는 약국에서 동일한 성분을 가진 여러 브랜드의 제네릭 의약품 중 선택할 수 있다. 이를 통해 환자가 비용이나 선호도에 따라 다양한 선택을 할 수 있는 장점이 있다.

③ 제약회사의 공정 경쟁 유도
특정 브랜드에 의존하는 상품명 처방과 달리 성분명 처방은 여러 제네릭 회사들이 동일한 성분의 약을 경쟁력 있는 가격에 제공하도록 유도한다. 이는 제약회사 간의 가격 경쟁을 활성화시키고, 환자에게 유리한 시장 환경을 조성하는 데 기여하게 된다.

🔖 성분명 처방의 단점

① 효능 및 안전성 우려
제네릭 의약품은 오리지널 의약품과 동일한 주성분을 포함하고 있지만, 제조사마다 사용되는 부형제나 제조 공정에 차이가 있을 수 있어 약효나 부작용에서 차이가 발생할 수 있기 때문에 일부 환자나 의료진은 이 점에서 우려를 느낄 수 있다.

② 환자의 혼동 가능성
여러 브랜드의 제네릭 의약품이 동일한 성분명으로 출시되기 때문에, 환자가 혼동할 수 있는 가능성이 있다. 환자가 매번 다른 브랜드의 약을 받으면 복용 방법이나 효과에 대해 혼란을 느낄 수 있다.

3.
의약품의 특징

1) 의약품 제형과 장단점

의약품의 제형은 약물의 형태나 투여 방식에 따라 다양하게 분류되며, 각각의 제형에는 고유한 특징과 장단점이 존재한다. 제형은 주로 약물의 흡수 속도, 작용 시간, 환자의 편의성을 고려하여 결정된다.

1 정제 (Tablet)

가장 일반적인 제형으로, 약물의 활성 성분이 고형화되어 있다.

장점: 휴대와 투약이 편리하고, 일정한 용량을 섭취할 수 있어 효과를 예측하기 쉽고, 제조 비용이 낮아 경제적이다.

단점: 삼키기 어려운 환자에게는 불편하며, 위산에 약한 약물은 복용 시 문제가 될 수 있다.

2 캡슐제 (Capsule)

젤라틴 캡슐 안에 가루, 액체 상태의 약물이 담겨 있다.

장점: 삼키기 편하고, 냄새나 맛을 느끼기 어렵다. 약물이 위에서만 녹거나 장에서만 녹도록 조절할 수 있다.

단점: 젤라틴이 녹기 때문에 습기나 열에 약하다.

3 액제 (Liquid preparation)

용액의 형태로, 물이나 기름 등에 약물을 녹인 형태를 말한다.

장점: 흡수가 빠르며, 특히 삼키기 어려운 환자나 어린이에게 적합하다.

단점: 약의 맛에 민감한 환자는 복용이 어려울 수 있다.

4 주사제 (Injection)

약물을 직접 혈관, 근육, 피부에 투여하는 제형이다.

장점: 흡수 속도가 매우 빠르며, 경구 투여가 어려운 약물이나 응급 시 유용하다.

단점: 투여 시 통증이 발생할 수 있으며, 감염 위험이 있다. 전문가의 투여가 필요하므로 환자 스스로 사용하기 어렵다.

5 좌제 (Suppository)

항문이나 요도, 질에 삽입하여 흡수되는 형태이다.

장점: 위장에 부작용이 있는 약물을 투여할 수 있으며, 흡수가 빠르다.

단점: 사용이 불편할 수 있으며, 온도에 따라 약물이 녹아 흘러내릴 수 있다.

6 패치제 (Patch)

피부에 부착하여 약물이 지속적으로 흡수되도록 한다.

장점: 약물이 일정하게 체내에 흡수되며, 경구제에 비해 편의성이 높다.

단점: 피부 자극이 있을 수 있고, 흡수 속도가 느리다.

7 흡입제 (Inhalant)

기체나 분말 형태로 호흡기를 통해 흡입하여 폐에서 흡수된다.

장점: 흡수가 빠르고, 약물이 바로 폐로 전달되므로 호흡기 질환에 효과적이다.

단점: 사용 방법이 복잡할 수 있고, 효과적인 흡입을 위해 환자의 올바른 사용이 필요하다.

8 연고/크림제 (Ointment/Cream)

피부에 발라 흡수되는 형태를 말한다.

장점: 국소 부위에 약물을 직접 적용할 수 있으며, 전신 부작용이 적다.

단점: 미끈거리는 느낌의 불쾌감을 줄 수 있다.

9 서방형 제제 (Extended Release)

약물이 서서히 방출되도록 만들어, 오랜 시간 약효를 유지하게 한다.

장점: 하루 한 번 복용으로 충분한 약물 효과를 기대할 수 있다.

단점: 분할하거나 씹어 먹어서는 안 된다. 특수 설계된 제제의 특성이 사라지고, 약효의 변화로 인해 부작용이 발생할 수 있다.

2) 약에도 copy가 있다

의약품은 일반의약품과 전문의약품으로 나눌 수 있고, 또한 오리지널약(Original Drug)과, 복제약(Generic Drug)으로 나눌 수 있다.

오리지널약은 제약회사가 새로운 약물을 발견하고 개발한 최초의 약품을 의미한다. 신약 개발은 매우 복잡하고 긴 과정으로, 보통 수년 이상의 시간이 소요되며 수천억~조 단위의 비용이 투자된다. 신약 출시 과정은 크게 세 단계로 신약후보 물질 탐색, 임상시험, 규제 기관의 승인으로 나눌 수 있다.

제약회사는 신약을 개발할 때 많은 시간과 자원을 들여 새로운 화학물질이나 생물학적 물질을 찾아낸다. 이 과정을 통해 잠재적으로 치료 효과가 있는 물질을 발견하면, 해당 물질이 인체에 안전하고 효과가 있는지 검증하는 실험을 시작한다. 동물 실험을 통해 초기 안전성을 검토한 후, 임상시험(Clinical Trials)으로 넘어가게 된다.

임상시험은 3단계로 진행되는데, 1단계에서는 소수의 건강한 사람에게 투여해 안전성을 확인하고, 2단계에서는 소수의 실제 환자를 대상으로 약효와 적절한 용량을 확인한다. 마지막으로 3단계에서는 대규모 환자를 대상으로 약의 효과와 부작용을 조사한다. 이 모든 단계를 성공적으로 마치면, 국가의 규제 기관(한국의 식품의약품안전처, 미국의 FDA)에 신약 승인 신청을 한다.

제약회사는 특허를 통해 해당 약물에 대한 독점권을 가지게 되는데, 그 기간은 20년이다. 특허 기간 동안 제약회사는 독점적으로 약을 판매하며, 이를 통해 개발 비용을 회수하고 수익을 창출한다. 오리지널약은 이처럼 막대한 개발 비용과 시간이 소요되기 때문에 가격이 높은 편이다.

또한, 오리지널약은 엄격한 과정을 거쳐 개발된 약이기 때문에, 안전성과 효과가 검증된 신뢰할 수 있는 약품이다. 그로 인해 새로운 치료 방법을 제공하거나 기존의 치료법보다 더 나은 효과를 가져올 수 있다.

복제약은 오리지널약의 특허가 만료된 후, 동일한 유효 성분을 사용해 제조된 약이다. 제약회사는 신약이 개발된 후 20년간 특허를 통해 독점 판매권을 가지지만, 그 기간이 끝나면 다른 제약회사도 동일한 성분으로 약을 제조해 판매할 수 있게 된다. 이러한 약이 바로 복제약이다.

복제약은 오리지널약과 동일한 유효 성분을 가지고 있지만, 연구 및 개발 과정이 필요 없기 때문에 보다 저렴하게 생산할 수 있다. 제약회사는 이미 오리지널약이 임상시험을 통해 안전성과 효과가 입증된 상태이므로, 별도의 임상시험 없이 유효 성분과 약의 효능만 증명하면 된다. 그렇지만, 복제약도 일정한 품질과 안전성을 유지해야 하기 때문에, 규제 기관의 심사를 거쳐 승인을 받아야 한다.

복제약은 오리지널약과 동일한 유효 성분을 포함하므로, 일반적으로 효능과 안전성은 동일하다. 다만, 제조 과정에서 사용되는 부형제나 첨가제는 다를 수 있다. 이러한 부형제는 약의 형태나 맛, 흡수 속도 등에 영향을 줄 수 있으나, 대부분의 경우 약의 효능에는 큰 차이가 없다. 복제약은 세계보건기구(WHO)와 각국의 규제 기관에서 오리지널약과 동일한 품질을 유지하도록 엄격하게 관리되고 있다.

복제약의 가장 큰 장점은 가격이다. 오리지널약에 비해 복제약은 저렴한 가격으로 판매된다. 이는 개발비용이 들지 않고, 시장에 여러 복제약이 출시되면서 경쟁이 이루어지기 때문이다. 따라서 환자들은 동일한 효능의 약을 더 낮은 비용으로 구매할 수 있다.

그러나, 복제약은 대체로 오리지널약과 효능에서 큰 차이가 없지만, 일부 환자들은 복제약에 포함된 부형제나 첨가제에 민감하게 반응할 수 있다. 따라서 특정 약물에 대해 민감한 환자들은 주의가 필요하며, 복제약의 경우 외형이나 포장이 다를 수 있다.

3) 약에도 유통기한이 있다

의약품에는 식품의 유통기한과 비슷한 개념의 사용기한이라는 것이 있다.

사용기한은 의약품을 허가된 저장 방법에 따라 보관했을 때 효능과 품질이 유지될 것으로 예상되는 기한을 말한다.

일반적인 사용기한에 대해 알아보면, 대부분의 정제와 캡슐형 약물은 2~3년 정도의 사용기한을 가지며, 시럽이나 현탁액은 개봉 후 약 6개월에서 1년 정도가 일반적이며, 개봉 후 냉장 보관을 권장하는 경우도 있다. 연고는 보통 개봉 후 6개월에서 1년 이내에 사용하는 것이 좋고, 주사제는 사용기한이 짧으며, 특히 멸균 상태를 유지해야 하므로 개봉 후 즉시 사용해야 한다. 안약은 개봉 후 1개월 내 사용이 권장되며, 개봉 전에는 1~2년의 유효기간을 가질 수 있다.

사용기한을 알기 위해서는 약품 포장에 표기된 '유효기간'을 확인하면 된다. 약이 제조된 후 보관 조건을 지켰을 때의 사용 기한을 의미한다. 제조일을 기준으로 사용기한이 표기될 수도 있다. 예를 들어, '제조일로부터 3년'과 같이 쓰여 있기도 하다.

정제나 캡슐형 약물은 습기와 열에 민감하므로, 습기를 피해 서늘한 곳에 보관하는 것이 좋으며, 액체 형태나 일부 주사제는 냉장 보관이 필요하며, 직사광선을 피하고 어두운 곳에 보관하는 것이 효과적이다. 사용기간이 지난 약물은 약효가 떨어질 뿐만 아니라, 분해 산물로 인해 독성 물질이 생성될 가능성이 있다. 특히, 항생제나 호르몬 제제, 안약 등은 사용기한이 지나면 부작용이 발생할 위험이 높아지게 된다.

개봉 후 약물의 냄새나 색상, 점도가 변하면 유효기간이 남아 있더라도 사용을 피하는 것이 좋고, 습기를 머금거나 녹은 약, 액체가 혼탁해진 경우도 폐기하는 것이 안전하다.

4.
제약회사의 가치사슬

1) 연구개발

제약회사는 새로운 약물의 후보 물질을 탐색하고, 약물이 질병에 효과가 있는지 연구한다. 수많은 실험과 과학적 연구를 거쳐 이루어지며, 수년의 시간이 소요될 수 있다.

2) 임상시험

연구된 후보 물질이 약물로서 안전하고 효과가 있는지 확인하기 위해, 사람을 대상으로 한 임상시험을 진행한다. 이 과정은 3단계로 나뉘며, 소수의 사람들에게 안전성을 확인한 뒤 대규모 환자에게서 실제 효과를 테스트한다.

3) 생산

임상시험을 통해 성공적으로 효능이 입증되면, 이를 대량 생산하기 위한 제조 공정을 진행한다. 여기에는 품질 관리와 안정성 시험이 포함되어 있으며 안전하게 대량으로 생산하는 것이 목표이다.

4) 유통

생산된 약물은 병원, 약국 등으로 유통된다. 제약회사는 약물의 보관, 유통 과정에서 품질이 유지될 수 있도록 노력하며, 다양한 유통 채널을 통해 환자에게 전달한다.

5) 마케팅 및 판매

최종적으로 제약회사는 의사, 약사에게 약물의 특성과 효과를 알리고, 이를 통해 환자들이 약을 처방받을 수 있도록 한다. 이 과정에서 제약회사는 약물의 홍보와 판매를 촉진하기 위한 전략을 수립하게 된다.

5.
제약산업의 규제와 인증

1) 신약의 승인

신약이 시장에 출시되기 전에 규제 기관은 약물의 임상시험 결과를 평가해 약물의 안전성과 효과를 검증한다. 이를 통해 의약품이 공중 보건에 미칠 수 있는 영향을 미리 파악하고 위험을 최소화하게 되는 것이다. 미국의 FDA(Food and Drug Administration), 한국의 식약처(MFDS), 유럽의 EMA(European Medicines Agency) 등이 대표적인 규제 기관이다.

2) 임상시험 관리

임상시험은 새로운 약물이나 치료법이 인체에 안전하고 효과적인지 확인하는 과정이다. 각국의 규제 기관은 이 과정이 과학적이고 윤리적으로 수행되도록 관리 감독 한다. 임상시험 프로토콜을 승인하고, 시험 도중 발생할 수 있는 부작용을 모니터링하여 필요한 경우 임상시험을 중단하거나 수정할 수도 있다.

3) 의약품 품질 관리

약품이 대량 생산되는 과정에서 일정한 품질을 유지하는 것은 매우 중요하다. 규제 기관은 제약회사가 안전하고 일관된 품질의 의약품을 생산할 수 있도록 엄격한 기준을 설정하고, 제조 시설과 공정을 정기적으로 점검한다. 이 과정에서 Good Manufacturing Practices(GMP) 같은 표준이 적용된다.

4) 의약품 유통 및 판매 허가

규제 기관은 의약품이 합법적이고 안전하게 유통되도록 감독한다. 이는 가짜 의약품의 유통을 막고, 의약품이 적절한 보관 조건을 준수하며, 안정적으로 환자에게 전달될 수 있도록 보장한다. 또한, 광고와 마케팅에 대한 규제를 통해 허위 또는 과장된 정보로 소비자가 피해를 입지 않게 관리한다.

5) 부작용 및 안전성 모니터링

약이 시장에 출시된 후에도, 규제 기관은 의약품의 부작용을 모니터링한다. 이상 사례 보고 시스템을 운영해 약물이 예상치 못한 부작용을 일으킬 경우 이를 수집하고 분석한다. 만약 중대한 문제가 발견되면 약물을 회수하거나 판매를 중단할 수 있다.

6) 의약품 가격 및 접근성 관리

일부 국가의 규제 기관은 약품의 가격을 조정하거나 조율하여 국민의 경제적 부담을 줄이고, 환자들이 필요한 약품을 사용할 수 있게 하는 역할도 규제 기관이 담당한다.

6.
현재 제약산업 트랜드

1) 바이오 의약품

단백질, 항체, 유전자 치료제 같은 생물학적 기반의 의약품이 급성장하고 있다. 바이오 의약품은 기존 화학 기반 약물보다 복잡하지만, 특정 질병에 더 효과적이며 부작용을 최소화하기 때문에 의약품으로서의 가치가 매우 높다고 할 수 있다.

2) AI와 디지털 기술

인공지능(AI)과 빅데이터 분석을 통해 신약 개발의 효율성이 크게 향상되고 있으며, 맞춤형 치료(Precision Medicine)도 가능해졌다.

3) 제네릭 의약품과 바이오시밀러

비용 절감과 더 많은 환자 접근성을 위해 복제약(제네릭)과 바이오시밀러의 수요가 계속 증가하고 있는 추세이다.

바이오시밀러란 특허가 만료된 생물의약품에 대한 복제약을 말한다. 바이오 복제약, 바이오 제네릭이라고 부르기도 한다.

4) 면역치료제

암 치료를 포함한 다양한 질환에서 큰 관심을 받고 있다. 면역항암제는 환자의 면역 시스템을 활용해 암세포를 공격하며, 기존 항암치료보다 부작용이 적고 효과가 뛰어난 것으로 평가되고 있다. CAR-T 세포 치료제와 면역관문억제제 같은 치료법이 주목받고 있으며, 맞춤형 면역치료를 통한 개인화된 치료도 중요한 트렌드라 할 수 있다. 이러한 면역치료제는 생존율을 높이고, 재발 방지에 큰 역할을 담당하고 있다.

5) 글로벌 협력

신약 개발과 백신 연구에서 중요한 역할을 하고 있다. 특히 코로나19 팬데믹 이후, 글로벌 제약사 간의 협력은 백신과 치료제 개발을 가속화하는 데 큰 기여를 했다. 국경을 넘는 기술 이전, 공동 연구, 임상시험 공유가 활발해졌으며, 규제기관 간의 협력도 증가하고 있다. 이러한 협력을 통해 개발 속도가 빨라지고 비용 효율성이 높아지고 있다.

7.
제약회사 주요 부서와 역할

1) 영업부서

영업부서는 제약회사의 꽃이라고 표현한다.

모든 부서가 서로 연계되어 회사를 이끌어 가지만, 회사의 매출에 직접적인 영향을 주는 곳이 바로 영업부서이다. 그렇기에 모든 제약회사에서 영업부에 가장 많은 인원을 배치한다. 그 말은 곧 영업부에서 가장 많은 채용을 진행한다는 말이다. 나는 제약회사 영업부에서 10년간 로컬병원, 종합병원, 상급종합병원까지 모두 경험하였기에 영업부에 관해 제약회사를 준비 중인 분들에게 해줄 말이 너무 많다. 여기서는 간략히 설명하고 뒷부분에서 보다 자세하게 이야기하려 한다.

지금부터 이 책에서 말하는 '고객'은 의사와 약사라고 이해하면 된다.

영업부에 지원 가능한 자격 조건으로는 보통 4년제 졸업자, 졸업예정자가 포함된다. 석사나 박사도 지원 가능하다. 전공은 무관하며, 제약학, 생명공학, 화학과는 우대 사항이다. 외국계 제약회사의 경우는 영어 능력을 필요로 하는 곳이 많다. 일정 수준 이상의 영어성적을 보유하면 유리하다.

제약회사 영업사원은 제약업계에서는 MR(Medical Representative)이라 부르며, '의약품 정보 전달자'라고 이해하면 된다. 병원과 약국을 방문해 자사의 제품을 설명하여 처방으로 연결시키는 업무를 하게 된다.

제품의 성분명, 용법용량, 특장점, 부작용 등을 설명하며, 의사나 약사가 환자에게 약을 처방하거나 추천할 수 있도록 한다. 제품의 임상 데이터를 활용해 약의 효과를 뒷받침하며, 의학적 질문에 답변을 제공한다. 또한, 경쟁사 제품과 비교해 자사의 제품이 어떤 차이점이 있는지 논리적으로 설득하는 능력이 필요하다.

MR은 의료 전문가와의 장기적인 신뢰 관계를 형성하는 것이 매우 중요하다. 고객과의 신뢰를 바탕으로, 새로운 제품이 출시될 때 빠르게 시장에 진입할 수 있도록 하고, 기존 제품에 대한 피드백을 수집해 회사에 전달하기도 한다. 이 과정에서 중요한 역할을 하는 것이 바로 CRM(Customer Relationship Management)이다. CRM 시스템을 통해 고객의 성향, 요구 사항 등을 분석하고, 맞춤형 영업 전략을 수립할 수 있다. 고객이 어떤 약품을 선호하고, 어떤 문제를 해결하고자 하는지 파악해야 한다.

MR의 고객인 의사와 약사는 의료분야의 전문가 중의 전문가이다. 이런 전문가에게 비전문가인 MR이 의약품을 설명하기 위해서는 본인 회사의 제품은 그 누구보다 완벽하게 이해하고 있어야 한다. 제품에 관해 어떤 질문에도 바로 대답할 수 있는 수준의 공부가 필요하다. '한둘이 아닌 제품을 어떻게 다 이해하고 외울 수 있을까?'라는 걱정이 들 수 있다. 하지만 걱정할 필요 없다. 최종 합격했다고, 바로 영업 현장에 투입시키지 않는다. 회사마다 기간의 차이가 있긴 한데, 짧게는 1개월에서 길게는 3개월까지 회사에서 전사적으로 MR을 위한 교육을 해준다. 회사로부터 충분한 트레이닝을 받은 후 필드로 나가게 되니 미리 걱정할 필요는 없다.

그리고 신입 교육 기간에도 대부분의 제약회사는 급여의 90~100%를 지급한다. 신입 교육 기간에 최선을 다하라고 말하고 싶다. 고객에게 정확한 제품정보를 제공하기 위한 것은 물론이고, 교육 기간 동안 몇 번의 테스트가 있는데, 그 점수는 자신이 배정받게 될 지역의 지점장, 영업부의 최고 수장인 영업본부장에게 고스란히 전달되고, 인사과에서도 보관하게 된다. 그리고 그 점수가 거래처를 배정받을 때 영향을 줄 수도 있다.

MR은 회사의 제품 홍보와 동시에 의료계의 최신 동향을 파악하기 위해 학회나 세미나에 참여하기도 한다. 학회에서 자사의 제품을 소개하고, 최신 연구 결과나 데이터를 발표하며, 의료 전문가들에게 학술적으로 신뢰할 수 있는 정보를 제공한다.

2) 마케팅부서

마케팅부서는 의약품을 효과적으로 판매하기 위해 시장 조사를 수행한다. 이를 통해 타깃 고객, 시장 규모, 경쟁사의 동향 등을 분석한다. 또한, 각 제품의 시장 내 위치를 평가하고, 그에 맞는 전략을 수립한다.

마케팅부서의 PM은 Product Manager를 의미하며, PM은 특정 의약품의 마케팅 전략을 총괄하는 역할을 맡고 있다.

마케팅부서의 지원 자격은 대체로 4년제 대학교 졸업 이상으로 마케팅, 경영학, 약학, 생명과학, 화학 등 관련 전공자를 우대하지만 전공 무관인 회사도 있다.

외국계 제약회사 마케팅부서의 경우 영어성적은 필수라고 생각하면 된다. 해외 본사와 마케팅 전략을 논의하고 협력하는 과정에서 높은 수준의 영어 실력이 필요하며, 각국의 의약품 허가와 관련된 문서, 임상시험 결과와 논문이 대부분 영어로 되어 있기 때문이다.

의약품 마케팅 전략은 의사, 약사, 병원 관계자 등을 대상으로 한 B2B(Business to Business) 마케팅과, 환자에게 직접적인 정보를 제공하는 B2C(Business to Consumer) 마케팅으로 나뉜다. 마케팅부서는 이러한 고객군에 맞춘 세분화된 전략을 개발한다. 신제품 출시 전에 고객에게 제품의 효능과 차별점을 홍보하는 캠페인을 마련하고, 이를 통해 고객들이 신약을 환자에게 처방하도록 유도한다. 또한, 환자들이 의약품에 대한 신뢰를 가질 수 있도록 브랜드 인지도를 높이는 데 초점을 맞춘다.

그리고 영업부와 협력하여 고객에게 제품을 홍보하는 데 필요한 자료를 제작한다. 이를 통해 제품의 효능, 부작용, 사용법 등에 대한 구체적인 정보를 제공하여 의료 전문가들이 쉽게 이해하고 사용할 수 있도록 한다. 학술대회나 세미나에서 발표할 자료, 브로슈어, 동영상 등을 제작하여 제품 홍보에 활용하기도 한다. 특히, 임상시험 결과나 의학적 근거를 바탕으로 한 자료를 통해 제품의 신뢰성을 높이는 업무를 한다.

마케팅부서는 영업부의 활동을 적극적으로 지원하고, 영업 전략을 수립하는 데 참여하며, MR들이 현장에서 활용할 수 있는 자료 및 교육을 제공한다. 영업사원이 병원을 방문할 때 사용할 프레젠테이션 자료나 의약품 정보를 준비하고, 마케팅 이벤트를 기획하여 영업 활동을 지원한다. 신제품 출시 후에는 지속적으로 시장 반응을 모니터링하며, 필요에 따라 마케팅 전략을 조정하기도 한다.

최근 제약업계에서는 디지털 마케팅의 중요성이 점점 커지고 있다. 마케팅부서는 회사 웹사이트, 소셜 미디어, 이메일 등을 활용해 디지털 캠페인을 전개하고, 이를 통해 의약품에 대한 정보를 더 많은 사람에게 전달한다. 의료 전문가들을 위한 웹 세미나, 온라인 교육 프로그램을 운영하거나, 환자들이 의약품 정보를 쉽게 얻을 수 있도록 검색 광고나 SNS 광고를 활용하기도 한다.

3) 연구개발부서

주로 약학, 화학, 생명공학, 화학공학, 의학 등의 관련 전공 석사 또는 박사 학위 취득자가 대다수를 차지하고 있고, 학사가 지원 가능한 제약회사도 있다.

제약회사 연구개발부서는 다양한 세부 부서로 구분되며, 각각의 부서가 신약 개발의 특정 단계와 역할을 담당한다.

신약개발부, 비임상연구부, 임상연구부, 제형연구부 등으로 나눌 수 있다.

1 신약개발부

신약개발부는 새로운 치료제를 개발하기 위한 첫 단계로, 질병의 원인을 분석하고 약효가 있을 가능성이 있는 물질을 탐색하는 역할을 담당한다.

주요 업무는 새로운 타깃을 찾고, 이를 통해 신약후보 물질을 발굴하는 것이다.

특정 질병의 원인 물질을 분석하고, 치료할 수 있는 생물학적 타깃을 선정하며, 이 과정에서 분자생물학, 유전체학 등 다양한 첨단 기술을 활용해 질병의 근본 원인을 찾는다.

타깃을 선정한 후, 이를 해결할 수 있는 후보물질을 탐색하며, 화학적 합성, 고속 스크리닝(High-throughput Screening) 등을 통해 수천 개의 화합물을 테스트하며, 그중 약효를 나타내는 물질을 찾아낸다.

초기 후보 물질 중 가장 유망한 것을 선도 물질(Lead compound)이라고 부르며, 이 선도 물질의 효과를 극대화하고 부작용을 최소화하도록 화학적 구조를 수정하는 과정을 거친다.

2 비임상연구부

신약후보 물질이 인체에 사용되기 전에, 안전성과 유효성을 평가하는 부서이다. 이 과정에서는 주로 동물 실험과 시험관 실험이 진행된다.

신약후보 물질이 인체에 해를 끼치지 않는지 확인하기 위해 독성 시험을 진행하며, 주로 동물을 이용하여 약물의 급성 독성, 만성 독성, 장기 사용에 따른 부작용 등을 분석한다.

약물이 인체에서 어떻게 흡수, 분포, 대사, 배출되는지를 분석하여 약물의 체내 작용 메커니즘을 파악하고, 적정 용량을 설정하는 데 필요한 정보를 얻는다.

연구실에서 세포나 조직을 대상으로 시험하는 생체 외 시험과, 동물에서 약물의 효과를 평가하는 생체 내 시험을 통해 약물의 유효성을 확인한다.

3 임상연구부

신약이 인체에 안전하고 효과적으로 작용하는지 확인하기 위해, 신약후보 물질을 실제 환자에게 투여하는 임상시험을 담당한다. 임상시험은 크게 1상, 2상, 3상으로 나뉘며, 각 단계마다 다른 목표를 가지고 진행된다.

1상 임상시험은 건강한 자원자를 대상으로 약물의 안전성, 독성, 대사 경로 등을 평가하게 되는데, 보통 소수의 참가자(20~100명)에게 약물을 투여하며, 약물의 기본적인 안전성을 검증하는 단계라 할 수 있다.

2상 임상시험은 질병을 앓고 있는 소수의 환자(100~300명)를 대상으로 약물의 효과와 적절한 용량을 확인한다. 이 단계에서는 약물이 특정 질환에 효과가 있는지, 부작용이 없는지를 집중적으로 평가한다.

3상 임상시험의 경우, 대규모 환자(300~3,000명 이상)를 대상으로 약물의 장기적인 안전성과 효과를 평가하며, 약물이 실제로 치료제로 사용될 수 있는지 최종적으로 확인하는 단계이며, 이 결과는 신약 허가 신청 시 중요한 자료가 된다.

4 제형연구부

신약이 환자에게 안전하고 효율적으로 전달될 수 있도록 적절한 약물 형태를 개발하게 되는데, 약물의 형태(제형)는 약효, 안정성, 환자의 복용 편의성에 큰 영향을 미친다.

경구용 약물, 주사제, 흡입제 등 다양한 약물 전달 방식을 연구하며, 약물의 안정성과 효율적인 흡수를 보장하는 제형을 설계한다.

약물이 일정 시간 동안 천천히 흡수되거나, 특정 시간에 작용하도록 하는 방출 제어 기술을 개발하며, 이를 통해 약물의 효과를 극대화하고 부작용을 최소화할 수 있다.

약물이 생산되고 난 후 일정 기간 동안 품질을 유지할 수 있도록, 온도, 습도, 빛 등 다양한 환경 조건에서 안정성 시험을 진행한다. 이를 통해 약물이 유통기한 내에 안전하게 사용할 수 있는지 확인하게 된다.

4) 임상허가 부서(RA)

RA는 회사마다 조금씩 차이가 있는데, 개발부로 분류하는 회사도 있고, 그렇지 않은 회사도 있다. RA는 연구팀과 협력하여 임상시험 계획을 수립하며, 각국의 규제기관에서 승인을 받기 위해 필요한 서류를 준비하고 제출한다. 임상시험계획서는 임상시험의 목적, 방법, 환자 수, 시험 기간 등을 포함하고 있으며, 규제기관의 기준에 맞게 작성되어야 한다.

RA는 주로 식약처, 미국 FDA, 유럽 EMA 등 다양한 규제기관과 협력하며, 각국의 규제기관은 임상시험의 진행 여부를 결정하게 된다. 또한, 이 기관들과 지속적으로 소통하며 신약이 각국의 규제 기준을 준수하도록 관리하며, 규제기관의 요구 사항에 맞춰 필요한 문서와 자료를 준비하여 제출하고, 허가 절차를 진행하게 된다.

임상시험이 진행되는 동안, 약물의 안전성을 지속적으로 모니터링하는 것도 RA의 중요한 역할 중 하나이다. 임상시험 중 발생하는 이상 반응(부작용)이나 약물의 안전성 문제를 실시간으로 보고하고, 문제가 발생하면 즉각적으로 규제기관과 협력해 대처한다. 이러한 안전성 관리 절차는 신약이 임상시험 단계에서 환자에게 해를 끼치지 않도록 하는 데 필수적이라 할 수 있다.

임상시험이 진행되는 도중, 시험 계획이나 방법에 변동이 생길 경우 RA는 이를 규제기관에 알리고 허가를 받는 역할을 한다. 임상시험의 기간을 연장하거나 시험 대상자 수를 변경해야 하는 경우, 규제기관과 협의하여 해당 시험의 변경 사항을 승인받는 과정이 필요하다.

임상시험이 성공적으로 완료된 후, RA는 그 결과를 기반으로 신약 허가를 신청하며, 임상시험 데이터, 약물의 안전성 및 유효성 자료 등을 기관에 제출하여 최종 승인을 받는다. 이 과정이 성공적으로 마무리되면 신약이 시장에 출시되어 진다.

5) 약가급여부서(MA)

의약품의 비용 대비 효과를 분석하고, 이를 바탕으로 적절한 약가를 제안한다. 약물의 임상적 효과와 기존 치료제 대비 우수성을 강조하며, 약가 협상을 통해 합리적인 가격을 도출하는 부서이다.

MA는 정부와 협상하여 신약이 급여 목록에 포함될 수 있도록 하며, 약물의 임상적 효과와 경제적 가치를 입증하여, 환자들이 부담하는 비용을 줄이는 것을 목표로 한다. 각국의 건강보험 제도와 정책 변화에 맞춰 신속하게 대응하며, 의약품의 급여화를 통해 시장에서의 접근성을 극대화하는 전략을 수립한다. 신약의 임상 데이터 및 경제성 평가 자료를 기반으로 규제기관에 제출하여 약가 산정을 돕는다. 이 자료는 신약의 비용, 효과를 뒷받침하고, 환자들에게 얼마나 혜택을 줄 수 있는지를 입증하는 데 사용된다.

MA는 신약이 더 많은 환자에게 혜택을 줄 수 있도록 시장 접근성을 높이는 데 집중하며, 급여 적용이 가능해지면 신약이 더 많은 병원과 약국에서 저렴한 가격으로 제공될 수 있게 된다.

6) 인사부서

인사부서는 신입사원 및 경력사원 채용을 담당한다. 각 부서에서 필요로 하는 인재들을 찾고, 해당 직무에 맞는 역량을 갖춘 인재를 채용한다.

회사의 성장 전략과 연계하여 필요 인력 수요를 예측하고, 해당 인력을 적시에 확보하기 위한 계획을 수립한다.

그리고 각 부서의 특성에 맞춘 교육을 계획하기도 한다. 연구개발, 영업, 마케팅, 생산부서 등에서 필요한 기술과 지식을 습득하도록 맞춤형 교육을 계획하며, 관리자나 팀 리더에게 리더십 역량을 강화하는 프로그램을 제공하며, 팀 운영과 직원 관리에 대한 교육도 진행한다.

직원들의 직무에 따른 급여 체계를 설계하고, 성과에 따른 보상을 관리하는데, 성과 평가에 따라 인센티브를 지급하는 일도 인사팀의 업무 중 하나이다. 건강보험, 퇴직금, 유급 휴가 등 제약산업 특성에 맞춘 복리후생 프로그램을 계획하고 운영하기도 한다.

제약회사는 노동시간, 직무환경 등 법적 규제를 엄격하게 준수해야 하기에, 직원들이 안정적인 환경에서 근무할 수 있도록 노동법을 준수하고 관리한다. 또한, 직원과 경영진 사이의 갈등을 중재하고, 문제를 해결하는 업무를 수행한다. 특히 제약회사의 영업부나 연구개발부는 실적과 스트레스가 높을 수 있어, 갈등 상황을 신속하게 해결하는 것 또한 중요하다. 만약, 회사에 노동조합이 있을 경우, 노동조합과의 임금, 근로 조건에 대한 협상을 주도하며 지원한다.

제약회사는 고도의 전문지식을 요하는 직무가 많기 때문에, 인재를 유지하는 것이 매우 중요하다. 이를 위해 인사팀은 직원 만족도를 높이기 위한 프로그램을 기획하며, 이직 방지 전략을 수립한다.

이렇듯, 인사팀은 회사의 비전과 목표를 반영한 긍정적이고 협력적인 조직 문화를 구축하는 데 중요한 역할을 담당함으로써 각 부서 간의 협업을 촉진하고, 직원들이 회사에 대한 소속감을 가질 수 있도록 다양한 활동을 기획한다.

7) 생산부서

생산부서는 약물 제조에 필요한 원료와 부재료를 관리하고, 원료의 품질과 적합성을 점검하며, 승인된 제조 공정에 따라 약물을 대량으로 생산하고, 정확한 생산 기준을 목표로, 일정한 품질을 유지하는 업무를 한다. GMP(Good Manufacturing Practices) 기준을 준수하는 것이 중요하다.

제품 생산 중에도 일정한 품질을 유지하기 위해 품질 검사를 수행하며, 각 제조 단계에서 약물의 성분, 불순물, 함량 등을 점검하고, 규정된 기준을 충족하는지 확인한다. 또한 대규모 생산을 위해 필요한 제조 설비를 운영하고 유지보수 업무도 담당하고 있다.

생산 과정에서 작업자의 안전을 보장하기 위해 산업 안전 규정을 준수해야 하며, 생산 과정에서 발생하는 폐기물이나 오염물질을 최소화하여 환경에도 신경을 써야 한다.

제품 수요 예측을 바탕으로 생산을 계획하고, 생산 일정에 따라 의약품을 적기에 생산하여 제품이 시장에서 적시에 공급될 수 있도록 지원한다. 의약품 생산과 관련된 모든 절차와 결과를 철저히 기록하며, 생산 과정에서 발생한 모든 데이터를 문서화하여, 문제가 발생했을 경우 원인을 추적할 수 있도록 하고 있다. 문서화 된 데이터는 규제기관의 점검에 대비하는 데도 중요한 역할을 하게 된다.

생산 효율성을 높이고 비용을 절감하기 위해 지속적으로 공정 개선 작업을 수행하고 있다.

8) 해외사업부서

해외사업부는 각국의 의약품 시장을 분석하고, 자사의 제품 진출 가능성을 검토한다. 목표 국가의 법적 규제, 경쟁 상황, 시장 수요 등을 파악해 효율적인 진출 전략을 수립하여, 해당 국가에 적합한 제품을 선정하고, 마케팅 및 판매 계획을 수립한다.

제약회사의 해외 사업을 성공적으로 운영하기 위해서는 현지 파트너와의 협력이 필수적이다.

해외사업부는 각국의 유통업체, 병원, 약국, 의사 단체와 협력 관계를 구축하여, 제품이 원활하게 유통될 수 있도록 한다. 또한, 라이선스 계약, 합작 투자, 현지 법인 설립 등을 통해 현지 시장에서의 영향력을 확대시킨다.

각국의 의약품 규제는 나라별로 다르기 때문에, 해외사업부는 각국의 규제기관(미국의 FDA, 유럽의 EMA)과 협력하여 제품의 허가를 받아야 한다. 이를 위해 임상시험 자료, 품질 인증서, 안전성 보고서 등을 준비하고 제출하며, 현지 규제 요건을 충족하는 데 필요한 모든 절차를 관리한다. 규제 준수는 의약품 수출과 판매에서 매우 중요한 요소이므로, 해외사업부는 지속적으로 규제 변화를 모니터링하고 대응 전략을 세우고 있다.

각국의 시장 특성에 맞춰 현지화 전략을 계획하고, 제품의 포장, 라벨, 광고 메시지를 현지 규정에 맞추어 제작하며, 해당 국가의 문화적 특성을 고려한 마케팅 전략을 실행한다. 이를 통해 현지 소비자와 의료 전문가들에게 제품의 인지도를 높이고, 판매를 촉진하는 작용을 하게 된다.

그리고 의약품의 해외 수출을 관리하며, 제품이 나라별 유통망을 통해 병원과 약국에 원활하게 공급될 수 있도록 하고 있다. 물류, 재고 관리, 수출 서류 처리 등을 담당하며, 제품이 현지 시장에서 일정한 품질을 유지할 수 있도록 품질 관리하는 것도 중요한 업무 중 하나이다. 다양한 해외 거래처와의 계약을 체결하고, 라이선스 협상, 공급 계약, 현지 판매권 협상도 해외 사업부에서 담당한다. 이를 통해 제품의 해외 판매 및 유통 경로를 확보하며, 현지 시장에 대한 영향력을 확장해 나가게 된다.

9) CP부서(Compliance Program)

CP부서의 주된 역할은 회사가 관련 법률과 규정을 준수하는지 확인하는 것이다. 의약품 판매 및 마케팅 규제부터 임상시험 과정까지 다양한 측면에서 법적 요구사항을 충족하는지 감독하는 것이 포함된다. 각국의 규제기관은 의약품 광고, 판촉, 판매 방식에 매우 엄격한 기준을 설정하고 있으며, CP부서는 이러한 기준을 준수하도록 관리한다.

고객과의 커뮤니케이션 과정에서 불법적인 리베이트 제공 등을 방지하며, 이를 위반하면 회사는 큰 법적 리스크에 직면할 수 있기에 CP부서의 역할이 커지고 있다. 회사 내부의 다양한 활동을 감사하고, 이 과정에서 법적 또는 윤리적 위반 사항이 없는지 철저하게 모니터링을 진행한다. 내부 데이터 분석과 현장 감시가 이루어지며, 이러한 모니터링 활동을 통해 법률 위반이나 비윤리적 행위가 조기에 발견될 수 있다. 만약 위반 사항이 발견될 경우, CP부서는 이를 신속하게 수정하기 위한 조치를 취하며, 추가적인 교육이나 징계를 통해 문제를 해결하게 된다.

CP부서는 회사의 모든 직원이 법적 규정과 윤리적 기준을 잘 이해하고 이를 따를 수 있도록 교육 프로그램을 개발하고 제공한다. 이러한 교육은 의약품 판매 윤리, 의료 전문가와의 관계 관리, 리베이트 방지 등 다양한 주제를 다루게 된다. 제약업계는 특히 의사, 약사와의 관계가 중요하기 때문에, 직원들이 합법적인 범위 내에서 관계를 유지하고 의약품을 홍보할 수 있도록 지속적인 교육이 필요하다.

10) 학술부서

학술부는 일반적으로 의약 지식이 풍부한 사람들이 근무하는 부서로, 주로 약사, 생명과학 관련 학위 소지자들이 근무한다. 의료진에게 회사의 의약품 정보를 정확하고 신뢰성 있게 제공하기 위해 의약품 사용과 관련된 최신 정보를 업데이트한다. 특히 새로운 의약품 출시 시 중요한 역할을 하며, MR들이 제품에 대한 충분한 이해를 갖도록 지원한다.

또한, 회사가 개발한 의약품과 관련한 논문을 작성하고, 학술 저널이나 학회에 발표할 자료를 준비한다. 의약품 관련 연구 결과를 바탕으로 신뢰할 수 있는 정보를 작성해 회사의 학술적 이미지를 강화하는 역할을 한다.

8.
한국제약바이오 협회,
한국보건복지 인재원

1) 제약산업을 이끄는 한국제약바이오 협회

한국제약바이오 협회(KPBMA)는 국내 제약·바이오산업의 발전과 글로벌 경쟁력 강화를 위해 다양한 업무를 수행하고 있다. 주요 업무에 관해 알아보자.

1 혁신 역량 강화 및 생태계 확립

예측 가능한 약가제도 마련으로 연구개발 선순환 체계를 확립하고, 제약바이오, AI·디지털 혁신 환경을 조성하며, 민·관 협력 체계를 구축한다.

2 공급망 안정화 및 제조 역량 고도화

원료·필수 의약품의 국내 생산 기반을 강화하고, 미래 공중보건 위기 상황에 대비한 개발·생산 인프라를 구축하며, 의약품 품질 제고 및 제조 공정 혁신을 추진한다.

3 해외 시장 공략과 오픈 이노베이션

민·관 협력 전략으로 국내 기업의 해외 진출을 지원하고, 글로벌 오픈 이노베이션을 강화하여 블록버스터 창출 기반을 마련하며, 한국 신약 개발 가속화 협력 플랫폼(K-SPACE)을 통해 시너지를 극대화한다.

4 지속 가능 성장을 위한 미래 전략 수립

제약바이오 디지털·융복합화 흐름을 선도하는 인재를 양성하고, 시장 투명성 제고와 윤리경영을 확립하며, 국내외 산업 환경 변화에 효율적으로 대응하는 방안을 마련한다.

또한, 한국제약바이오 협회는 제약·바이오산업 종사자들을 위한 다양한 교육 프로그램도 운영하고 있다.

💊 **의약품 제조 및 품질관리기준(GMP) 교육**

제조·수입 관리자, 품질관리자 등을 대상으로 GMP 관련 지식을 제공하며, 오프라인과 실시간 온라인 교육으로 진행한다.

💊 **제약마케팅 및 MR 교육**

MR을 대상으로 약제 약리학, 질병 치료학, 영업마케팅 등의 전문 지식을 온라인으로 제공한다.

💊 **Global Business Development 전문교육**

글로벌 사업개발 업무 5년 차 이하의 제약 · 바이오 종사자를 대상으로 온라인 강의와 오프라인 워크숍을 통해 글로벌 진출 역량을 강화한다.

💊 **의약품 제조(수입) 관리자 교육**

식약처 법정 교육으로, 제조 · 품질관리자, 수입 관리자를 대상으로 실시간 온라인 교육으로 진행된다. 이 외에도 한국제약바이오협회는 제약산업의 교육 수요를 발굴하여 신규 교육 과정을 개발하고, 재직자 교육, 직무 교육, 법정 교육, 인증 교육 등 다양한 프로그램을 통해 전문 인력 양성에 힘쓰고 있다.

---

2) 한국보건복지 인재원(KOHI)

한국보건복지 인재원은 보건복지 분야의 전문 인재 양성을 위해 다양한 교육 프로그램을 운영하고, 정책 연구 및 국제 협력 활동을 수행하고 있다.

제약회사를 준비 중이라면 도움이 되는 교육들이 많기 때문에 잘 활용하면 많은 도움이 될 것이다.

KOHI는 보건복지 분야 종사자들의 역량 강화를 위해 아래와 같은 교육 과정을 제공한다.

1 바이오헬스교육

보건 산업의 국제 경쟁력 향상과 일자리 창출을 위한 보건 산업 분야 전문 인력을 양성하고 지원한다.

2 보건교육

국민의 건강과 사회적 가치 실현을 위한 보건 전문 인재를 양성한다.

3 보건복지 공통 교육

보건복지부, 질병관리청, 식품의약품안전처 등 소속 공무원을 대상으로 업무 역량 향상을 위한 교육을 실시한다.

4 사회복지교육

사회복지 담당 공무원 및 민간 종사자들을 위해 사례관리, 아동 안전, 장애인, 노인 등 전문 분야 교육을 제공한다.

5 국제협력 교육

국제 연수사업, 국제개발 협력 전문가 양성, 국제교류 네트워크 운영 등을 통해 글로벌 협력 기반을 마련한다.

9.
건강한 사회를 만드는
국민건강보험제도

국민건강보험은 우리나라 국민 대부분이 가입하는 강제보험으로, 대한민국에 거주하는 국민이라면 반드시 가입해야 한다.

건강보험 대상자는 직장가입자와 지역가입자로 나뉜다. 직장가입자는 급여에서 일정 비율로 보험료를 공제하며, 지역가입자는 소득, 재산 등을 기준으로 산정된 보험료를 납부하게 된다.

국민건강보험은 보건복지부와 국민건강보험공단이 주관하여 의료 서비스 비용의 상당 부분을 지원하며, 국민이 부담하는 의료비를 줄이는 역할을 한다.

의료급여는 국민기초생활 보장법에 따라 경제적으로 어려운 국민에게 의료 서비스를 제공하는 사회복지 제도이다. 저소득층, 차상위계층, 장애인 등 생계유지가 어려운 계층을 위해 마련된 의료비 지원 시스템이다.

의료급여 대상자는 기본적인 건강보험료를 면제받고, 병원 방문 시 본인부담금이 낮아지는 혜택을 받게 된다. 우리나라는 국민 건강 보장성을 높이기 위해 여러 가지 추가 프로그램과 혜택을 마련해 운영 중이다.

본인부담금 상한제라는 제도도 있다.

고액, 중증질환자의 과다한 의료비 지출로 인한 가계의 경제적 부담을 덜어주기 위해 일정 기준을 넘으면 그 차액을 돌려주는 제도로, 2004년 7월부터 시행되고 있다.

산정특례는 희귀질환자로 확진 받은 국민이 등록 절차에 따라 국민건강보험공단에 신청한 경우 본인부담률을 10%로 경감하는 제도를 말한다.

국민건강보험 제도는 보편적 의료보장을 실현하는 점에서 긍정적 평가를 받고 있으나, 여러 도전 과제가 있다. 고령화로 인한 의료비 부담 증가, 건강보험 재정의 지속 가능성, 건강보험료 부담 형평성 문제 등이 있으며, 이를 해결하기 위한 논의가 계속되고 있다.

PART 2.

취업의
판도를 바꿀
완벽한 전략

1.
제약회사 채용공고 사이트

PART 1에서 기본적인 제약산업의 구조와 현황, 제약회사 주요부서 및 역할에 대해 알아보았고, 이번 파트에서는 제약회사 취업 전략에 대해 이야기해 보려 한다.

우선 제약회사 채용공고 사이트부터 살펴보자.

1) 링크드인(LinkedIn)

외국계 제약회사 및 다국적 기업의 채용 공고를 많이 확인할 수 있는 전문 비즈니스 네트워크 사이트이다. 대부분 외국계 제약회사 인사팀에서는 링크드인 내에 회사 홈페이지를 운영하고 있고, 글로벌 기업과의 네트워킹 및 직무 관련 전문가들과의 연결이 용이하다.

2) 피플앤잡(People&Job)

외국계 기업의 채용 정보를 전문으로 하는 사이트이다. 제약회사뿐만 아니라 다양한 산업 분야의 외국계 기업에의 채용 공고도 찾을 수 있다.

3) 인크루트(Incruit)

제약회사를 포함한 여러 산업군의 채용 공고를 제공하는 구인구직 플랫폼이다. 맞춤형 채용 정보 제공과 취업 성공 사례도 확인할 수 있다.

4) 사람인(Saramin)

국내 대표적인 구직 사이트 중 하나로, 제약회사 채용 공고도 상당히 많다. 기업의 상세 정보, 근무 환경, 직원 리뷰 등을 제공하며, 모바일 앱을 통해서도 공고를 쉽게 검색할 수 있지만, 일부 정보는 기본적인 내용만 제공되는 경우가 있다.

5) 잡코리아(JobKorea)

대규모 채용 포털 사이트로, 제약회사 채용 공고뿐만 아니라, 다양한 직종의 공고가 올라온다. 세부적인 필터링 기능이 잘 되어 있어서 특정 지역, 직무, 경력을 설정해 원하는 공고를 쉽게 찾을 수 있다.

2.
기본적인 스펙은 쌓아놓자

제약회사 공고가 올라오면 수많은 지원자가 동시에 몰린다. 그 어느 때보다 취업이 쉽지 않은 시기이기 때문에 제약회사 또한 경쟁이 치열하다. 회사 홈페이지를 통해 지원하는 곳도 있고, 이메일을 통해 지원하는 곳도 있다. 홈페이지를 통해 지원하는 경우는 회사의 일괄된 양식이 정해져 있으므로 순서대로 기입하면 되지만, 이메일을 통해 지원하는 곳은 이력서 양식에 신경을 써야 한다. 많은 검색을 통해 인사담당자가 보기에 가장 편한 양식을 선택하는 것이 중요하다.

제약회사 채용은 인사팀에서 진행하는데, 인사팀은 채용만 담당하는 것이 아니다. 앞에서도 설명하였지만, 인사팀은 채용 이외에도 많은 업무가 쌓여 있다. 채용은 여러 업무 중 하나일 뿐이다. 그렇기에 수많은 이력서를 세세히 정독하진 않는다. 아니 할 수가 없다. 특히나 자기소개서의 경우는 더더욱 그렇다. 이러한 이유로 최소한의 스펙은 쌓아 놓아야 '읽히는 이력서'가 된다.

3.
기업채용 시 불필요한 스펙

기업이 인재를 채용할 때 불필요하다 생각하는 스펙은 무엇일까?

경향신문 기사를 참고하면, 사람인이 기업 439개 사를 대상으로 채용 시 불필요한 스펙에 대해 조사한 결과는 다음과 같았다.

순위	불필요한 스펙	응답비율(%)
1위	한자, 한국사 자격증	55.9%
2위	극기, 이색경험	51.3%
3위	봉사활동 경험	31.7%
4위	아르바이트 경험	23.2%
5위	출신학교 등 학벌	21.9%
6위	석, 박사 학위	20.9%

이 같은 스펙들이 불필요한 이유로는 직무와 연관성이 높지 않기 때문이

라는 답변이 가장 많았다. 기업에서 인재를 뽑을 때 직무역량을 중요하게 평가하는 경향이 강해짐에 따라 직무와의 관련도가 스펙을 평가하는 데 중요한 기준이 되기 때문이다.

그럼, 기업이 필요하다고 생각하는 스펙은 무엇일까?

전체 응답 기업 중 66.7%가 꼭 갖춰야 하는 필수 스펙 1위로 업무 관련 자격증(69.3%, 복수 응답)을 뽑았다. 이어 컴퓨터 관련 자격증(27%), 인턴 경험(20.5%), 토익, 토플 등 공인 영어성적(15.7%), 학점(13%), 대외활동 경험(12.3%), 출신학교 등 학벌(12.3%), 제2외국어 능력(11.9%), 아르바이트 경험(11.9%) 등을 꼽았다.

이처럼 스펙을 필수로 갖춰야 되는 이유는 '직무와 연관성이 높아서(70.3%, 복수 응답)'가 가장 많았고 '실무에 필요한 스펙이어서(69.6%)'라는 답이 뒤를 이었다. '객관적으로 판단 가능한 기준이어서(28.3%)', '지원자의 성실성, 태도를 볼 수 있어서(26.6%)', '조직적합성을 알아볼 수 있어서(7.5%)', '이전부터 이어오는 채용 기준이어서(2.7%)' 등도 들었다.

4.
사진으로 나의 스토리에
가치를 더하자

인사담당자가 지원서를 열었을 때, 가장 먼저 눈이 가는 곳이 바로 사진이다. 우리의 눈은 텍스트보다 사진에 눈이 먼저 가게 되어있다. '읽히는 이력서'가 될 확률을 높이려면 사진에 신경을 써야 한다. 조금 비용을 지불하더라도 증명사진 잘 찍는 곳을 찾아가길 추천한다.

사진은 비주얼커뮤니케이션이라 할 수 있다. 서류를 검토하는 인사 담당자는 이력서의 내용과 함께 지원자의 사진을 통해 첫인상을 형성한다. 지원자의 외모, 표정, 복장은 자신을 어떻게 표현하는지를 간접적으로 나타낸다. 깔끔하고 단정한 사진은 긍정적인 첫인상을 심어줄 수 있으며, 지원자가 자신의 외모뿐만 아니라 직무에서도 책임감 있게 행동할 것이라는 인상을 준다. 사진을 통해 자신의 이미지를 관리하는 능력을 보여주는 것은 신뢰성 있는 지원자로서 평가받는 데 큰 도움이 될 수 있다. 기업은 이러한 지원자를 선호할 가능성이 높다.

5.
지원하는 기업에 관한
공부가 필요하다

생각보다 많은 지원자들이 지원하는 회사에 관한 정보도 파악하지 않고 이력서를 작성한다.

제약회사에 지원할 때 가장 중요한 단계 중 하나는 회사의 비전과 목표, 사업 방향에 맞춘 이력서와 자기소개서를 작성하는 것이다. 지원하는 회사가 어떠한 목표를 가지고 있으며, 작년 매출은 어느 정도였는지, 어떠한 제품을 보유하고 있는지, 시장에서 어떤 포지션을 차지하고 있는지, 현재 진행 중인 주요 프로젝트나 제품 개발 상황을 알아야 한다. 회사에 관한 공부는 지원자가 자신의 강점과 경험을 회사의 필요에 맞출 수 있는 능력을 보여주는 데 필수적이라 할 수 있다. 이를 통해 지원자는 해당 회사의 비전과 일치하는 인재로 보일 가능성이 높아지게 되는 것이다.

지원한 회사에 대해 깊이 있는 공부를 했다면, 회사가 속한 시장 상황, 주요 경쟁사, 제품 포트폴리오, 최근 출시된 의약품, 임상 연구 결과 등에 대한 구체적인 이야기를 할 수 있다. 이는 단순히 직무 역량만을 평가하는 것이 아니라, 지원자가 해당 회사에 얼마나 진지하게 관심을 가지고 있으며, 회사의 일원이 되고자 하는 열망이 있는지를 증명하는 중요한 요소이다.

제약회사는 연구개발, 생산, 영업, 마케팅 등 다양한 분야에서 기회가 존재하며, 지원자는 자신의 경력과 회사가 제공하는 기회가 일치하는지를 평가할 필요가 있다. 회사를 공부함으로써 해당 회사에서의 장기적인 커리어 성장 가능성을 판단할 수 있으며, 지원자가 회사에서 어떤 역할을 하고 싶은지 구체적으로 계획할 수 있게 된다.

제약산업은 공익적인 측면과 상업적인 측면을 동시에 추구하는 기업이다. 특히 신약 개발이나 사회적 책임(CSR) 활동을 통해 생명과 건강에 기여하고자 하는 비전을 가진 기업이 많다. 지원하는 회사의 비전과 목표를 사전에 이해하고, 이에 공감하는 것은 매우 중요하다.

6.
합격을 끌어당기는 자기소개서

자기소개서 작성 시, 절대 해서는 안 되는 행동이 모든 회사에 동일한 자기소개서를 작성하는 것이다. 복사, 붙여넣기처럼 성의 없는 자기소개서는 쓰지 말자.

회사를 지원할 때 자기소개서는 단순히 자신의 경력을 나열하는 것이 아니라, 지원자가 해당 직무와 회사에 얼마나 적합한 인재인지를 보여주는 중요한 문서이다. 제약산업은 복잡하고 규제가 엄격한 분야이므로, 제약회사에 맞는 자기소개서를 작성하기 위해서는 세심한 준비가 필요하다.

제약회사는 지원자의 경력과 경험을 중요하게 평가한다. 특히, 지원하는 직무와 관련된 경험을 구체적으로 기술하는 것이 중요하다. 연구개발, 생산, 영업, 마케팅 등 다양한 직무에 따라 필요한 역량이 다르기 때문에, 본인의 경험 중에서 해당 직무와 직접적으로 연결되는 사례를 강조해야 한다.

만약 영업부서에 지원한다면, 제품을 판매했던 경험이나 고객과의 협상, 신뢰 구축 과정에서 얻은 성과를 구체적으로 작성하는 것이 좋다. "많은 고객을 만나 다양한 제품을 판매한 경험이 있습니다."라는 구체적이지 않은 표현보다는 "하루 평균 열 명의 고객을 만났고, 그중 여덟 명은 제품을 구매하였습니다. 그리고 재구매 고객은 50% 정도였으며, 월평균 판매량은 200개였습니다."라는 구체적인 수치로 나타내면 더욱 설득력 있다.

그리고 MR자격증이라는 것이 있다.

제약회사 MR(Medical Representative)자격증은 한국제약바이오 협회에서 발급하는 민간자격증이다. 제약 영업직을 위한 자격증으로, 의사나 의료 전문가에게 의약품을 소개하고 판매하는 역할을 담당하는 MR로서 필요한 지식과 능력을 인증한다. 이 자격증은 의약품의 성분, 효능, 부작용, 질환, 제약시장 동향 등을 전문적으로 이해하고 설명할 수 있는 역량을 갖추었음을 증명한다. 회사의 입장에서 지원자를 평가할 때, '이 지원자는 진심으로 제약회사에 관심을 가지고 있네.'라는 인식을 심어줄 수 있다. 취득 시 제약회사에서 영업직으로의 취업에 유리한 고지를 점령할 수 있다.

연구개발부서의 경우에는 학위 논문, 발표한 논문, 특허 등록, 학술대회 발표 등 구체적인 연구 성과를 명확히 작성하는 것이 좋다. 단순히 연구를 진행했다는 것보다, 어떠한 문제를 해결했으며, 어떤 영향을 미쳤는지를 설명하는 것이 좋으며, 지원하는 회사의 주요 연구 분야, 예를 들면 항암제, 희귀 질환, 백신 개발과 자신의 연구 경험을 연결시켜 지원자가 회사의 연구 목표와 긴밀하게 맞닿아 있음을 어필할 수 있다.

연구에서 사용한 실험 장비나 소프트웨어, 분석 도구들을 구체적으로 설명하여, 최신 기술이나 플랫폼을 활용한 경험을 어필하면 연구 현장에서 즉시 기여할 수 있는 인재로 보일 수 있을 것이다.

제약산업은 연구개발부터 판매에 이르기까지 복잡한 절차와 규제가 있는 산업이기 때문에 제약산업에 대한 이해도를 보여주는 것 또한 중요하다. 제약회사가 직면한 최신 트렌드나 규제, 시장 상황을 파악하고 있음을 보여주면 자신이 회사에 적합한 인재임을 강조할 수 있다.

자기소개서를 작성할 때는 지원하는 회사의 특성과 가치에 맞춰 작성하는 것이 필수적이다. 모든 제약회사가 동일한 목표를 추구하지 않기 때문에, 지원하는 회사의 비전, 사업 영역에 맞춘 내용을 포함하는 것이 좋다. 해당 회사의 최신 연구나 주력 제품, 목표 등을 파악하고 자기소개서에 자연스럽게 녹여내야 한다.

앞에서도 언급한 바와 같이 인사부서는 채용뿐만 아니라 다른 업무도 병행하기에 채용에 많은 시간을 소비할 수가 없다.

그렇기 때문에 자기소개서는 임팩트가 있어야 한다. 인사담당자의 궁금증을 유발할 수 있는 첫 문장에 가장 많은 힘을 실어야 한다. 지원자에 대한 호기심이 생기게 되면 인사담당자는 보다 자세히 읽어 보게 될 것이다.

좋은 방법 중 하나는 자기소개서 각 항목마다 제목을 적는 것이다. 강력하고, 궁금증을 유발할 수 있는 타이틀을 작성한 후, 나만의 이야기를 들려주는 것이다.

그리고 모든 항목은 자신이 지원한 부서와 관련이 있는 내용으로 통일하는 것이 좋다. 영업부에 지원했다면, 지원동기, 성장 과정, 성격의 장단점, 경력 및 경험, 입사 후 포부 등 자기소개서의 항목을 모두 영업에 포커스를 맞추어 작성하자.

간혹 자신의 단점을 적을 때, 치명적인 단점을 적는 지원자들이 간혹 있다. 잠이 많다는 둥, 술을 마셨다 하면 기억을 잃어버리고, 다음날 숙취가 심하다는 둥, 간혹 욱하는 성질이 있다는 둥. 이런 식으로 자신의 진짜 단점을 적으면 안 된다. 단점을 얘기하되 이 단점이 다른 측면에서는 장점이 될 수 있다는 표현을 써야 한다. 술만 마시면 기억을 잃고 욱하는 성격이 있는 사람을 회사에서 어떻게 좋아할 수 있겠나.

제약회사는 다양한 부서 간의 협업이 중요함으로, 연구개발팀, 마케팅팀, 영업팀 등 여러 부서와 협업해야 하는 경우가 많으며, 이러한 과정에서 커뮤니케이션 능력이 필수적이다. 지원자가 교내 혹은 인턴 과정에서 협력하여 성과를 낸 경험이나, 여러 이해관계자와 소통하며 문제를 해결한 경험을 자기소개서에 포함시키는 것도 괜찮은 방법이다.

입사 후 포부를 작성할 때 신경 써야 할 부분은, 지원하는 제약회사의 비전, 목표, 주요 연구나 직무 분야와 본인의 목표를 연결해야 한다. 열심히 해서 회사의 발전에 기여하겠다. 라는 것보다는 단기적인 포부와 장기적인 포부로 나누어 설명하고, 1년, 3년, 5년, 10년 이런 식으로 구체적인 입사 포부를 적는 것이 효과적이다.

7.
승부를 결정짓는 면접의 기술

1) 정장은 기본이다

15년 전의 일이다. 면접장에 청바지에 반팔 티셔츠를 입고 온 지원자가 있었다. 그는 나름의 차별화 전략으로 복장을 그렇게 한 것 같았다. 그 지원자와 같은 조가 되어 면접장에 들어갔는데, 그의 전략은 어느 정도 성과가 있었다. 면접관들의 관심이 그 지원자에게 집중되었다. 하지만 그를 2차 면접에서 볼 수 없었다. 만약 광고 회사나, 연예기획사 면접이었다면 결과는 달라졌을 수도 있었겠지만, 그렇게 그는 소중한 면접의 기회를 날려버렸다.

한 연구에 따르면, 네이비와 다크 그레이 계열의 색상은 사람들에게 신뢰와 안정감을 주는 색상으로 인식된다고 한다. 2019년 버밍엄 대학교의 연구에서 응답자들이 신뢰를 가장 많이 느끼는 색상으로 다크 그레이와 네이비를 선택했다고 한다. 이 연구는 색상이 비언어적 커뮤니케이션의 중요한 요소로 작용하며, 면접관에게 신뢰감을 전달하는 데 크게 기여한다고 밝혔다.

University of Rochester의 색채 심리학 연구에서는 다크 그레이와 네이비가 전문성과 냉철함을 상징하는 색상으로 인식된다고 발표했다. 연구에 따르면, 이러한 색상은 사람들에게 차분하고 분석적인 이미지를 전달하며, 이는 특히 신중함이 요구되는 제약회사와 같은 직종에 매우 적합한 색상이라 할 수 있다.

지나치게 화려한 색상은 면접에서는 부적절할 수 있다. 네이비나 다크 그레이는 세련되면서도 과하지 않은 느낌을 주기 때문에, 면접에서는 본인의 능력과 태도에 집중할 수 있도록 도와준다.

2) 은은한 향기는 첫인상에 긍정적 효과를 가진다

1차 면접은 보통 지원자 4~5명이 한 조가 되어 면접장에 들어가는 것이 일반적인 데 반해, 2차 면접의 경우 면접관이 다수이고 지원자는 한 명만 들어가는 경우가 있다.

이런 경우 향수는 자신의 첫인상에 긍정적 효과를 줄 수 있다.

사람은 미각뿐 아니라, 후각을 통해 첫인상을 형성하게 된다. 연구에 따르면 향기는 75% 이상의 감정에 영향을 미치며, 사람들의 기억과 감정을 자극한다고 한다. 면접에서 은은하고 상쾌한 향수는 지원자가 깔끔하고 자기관리를 잘하는 사람이라는 인상을 줄 수 있다.

그러나 지나치게 강한 향수는 면접관에게 불쾌감을 줄 수 있으며, 면접관이 향수 때문에 집중력을 잃거나 거부감을 느낄 수 있다. 손목과 목덜미에 소량만 사용하고 너무 강한 향수는 피하는 것이 좋다.

라벤더와 같은 특정 향은 사람의 긴장을 완화하고, 편안함을 느끼게 해주는 효과가 있다고 한다. 은은한 향수는 면접관과 지원자 모두에게 긴장감을 줄이는 데 도움을 줄 수 있다. 면접관이 편안한 상태에서 면접을 진행하면 지원자에게도 더 긍정적인 반응을 보일 가능성이 높아진다.

지원자의 향기는 면접이 끝난 후에도 잠시 남아 있다. 면접 중에 느꼈던 향이 면접관의 기억에 남아, 지원자에 대한 인상을 강화할 수 있다. 이는 면접에서 긍정적인 인상을 준 경우, 그 인상을 더욱 오랫동안 유지하게 하는 데 도움이 될 수 있다.

3) 깔끔한 헤어 스타일

깔끔하고 단정한 헤어스타일은 지원자의 신뢰성을 뒷받침해 주며, 지원자가 세심한 부분까지 신경을 많이 쓰는 사람이라는 긍정적 인상을 준다. 특히, 제약회사는 세밀한 연구나 고객과의 정확한 소통이 중요한 직종이므로, 헤어스타일과 외모에서부터 프로페셔널리즘을 보여줄 수 있다.

4) 구두는 광이 나게끔

구두는 전체 복장과 어우러져 지원자의 이미지를 완성하는 중요한 요소이다. 깨끗한 구두는 깔끔하고 단정한 이미지를 강조하며, 지원자의 외모

관리 능력을 보여준다. 반면, 구두가 더럽거나 관리가 잘되지 않았다면, 아무리 옷차림이 단정해도 면접관에게 부정적인 인상을 남길 수 있다.

면접에서 구두 색상이 지나치게 튀면 면접관의 시선을 분산시키고, 본래의 면접 목적에서 벗어난 관심을 끌 수 있으니, 구두는 복장의 일부로 전체적으로 조화를 이루는 것이 중요하다. 검정색이나 다크 브라운과 같은 무난한 색상을 선택하는 것이 좋다.

구두가 잘 관리되고 깨끗한 상태라면, 면접관은 이를 통해 지원자가 자기 관리에 신경 쓰고, 성실하게 준비했음을 알 수 있다. 이는 직무에서의 책임감과 성실성을 상징하는 비언어적 신호로 작용하게 된다.

5) 간단한 서류 가방을 준비

서류 가방은 비즈니스 상황에서 중요한 도구로 여겨진다. 면접에서도 비즈니스 환경에 맞게 준비한 모습은 지원자가 조직의 문화와 업무 환경에 적응할 준비가 되어 있음을 보여줄 수 있다. 면접에서는 작은 디테일도 지원자의 태도를 평가하는 요소가 된다. 서류 가방은 깔끔하고 정돈된 모습을 완성하며, 지원자가 직장에서의 역할을 전문적으로 수행할 수 있는 사람이라는 이미지를 전달할 수 있다.

6) 면접 장소에 30분 일찍 도착하기

면접 전 긴장을 푸는 시간이 필요하다. 30분 일찍 도착하면, 급하게 움직이지 않아도 되기 때문에 긴장을 완화하고 마음을 차분히 정리할 수 있는 시간을 가질 수 있다. 면접 장소에 도착한 후 잠시 호흡을 고르고, 준비해 온 면접 답변을 다시 한번 점검할 수 있는 시간을 확보하게 된다. 이를 통해 자신감을 높이고, 더욱 차분한 상태로 면접에 임할 수 있다.

면접 장소에 일찍 도착하면 건물 구조, 면접 대기 장소, 화장실 위치 등을 미리 파악할 수 있다. 이는 면접 시작 전에 환경에 적응함으로써 심리적 안정감을 줄 수 있다.

또한, 일찍 도착하면 화장실에 들러 복장이나 외모를 점검할 수 있는 시간이 생긴다. 이동 중 구겨졌을 수 있는 옷을 다듬거나, 머리나 화장을 다시 한번 확인함으로써 완벽한 외모로 면접을 준비할 수 있다.

면접에 늦지 않도록 미리 도착하는 모습은 면접관에게 시간을 잘 관리하고, 약속을 중요시하는 신뢰성 있는 지원자라는 인상을 주게 된다. 면접 장소에 제시간에 도착하는 것은 기본이지만, 일찍 도착하면 지원자의 성실함이 더욱 돋보인다.

간혹, 면접 일정이 변경되거나 예상보다 빨리 진행될 경우도 발생할 수 있다. 30분 일찍 도착하면 면접관이 일찍 면접을 시작하겠다는 제안을 할 때 유연하게 대응할 수 있다. 또한 다른 지원자의 일정이 변경되어, 순서가 바뀌더라도 준비된 상태에서 면접에 임할 수 있게 되는 것이다.

여유 시간을 확보하면 면접 전날의 피로감이나 예상치 못한 교통 문제로 인해 발생할 수 있는 실수를 최소화할 수 있기 때문에 여유롭게 준비된 상태에서 면접에 임하면 실수할 확률이 줄어들게 된다.

7) 주눅 들 필요 없다, 어깨 쫙 펴고 들어가라

지원자에게 회사가 필요하듯, 회사도 일할 사람이 필요하다. 기죽을 필요 없다. 자신감을 가지고 면접장에 들어가라. 그리고 면접은 자신이 지금까지 쌓아온 스펙을 마음껏 자랑할 수 있는 무대이다. 면접 자체를 즐겨라.

자신감 있는 태도는 면접관에게 지원자가 자신의 역량을 믿고 있다는 신호를 보낸다. 주눅 들거나 소극적인 태도는 면접관이 지원자를 신뢰하지 못하게 만들 수 있는 반면, 당당한 태도는 자신에 대한 신뢰와 확신을 드러내어 면접관이 지원자를 더욱 긍정적으로 평가하도록 한다.

면접에서 종종 지원자의 스트레스 관리 능력을 보기 위해 압박 질문이 등장할 수 있는데, 주눅이 든 상태에서는 압박 질문에 제대로 대응하기 어렵지만, 당당한 태도를 유지하면 침착하게 질문에 답하고 자신의 강점을 강조할 수 있다. 이는 면접관에게 지원자가 회사에 적합한 인재라는 확신을 주게 되어, 최종적으로 더 좋은 평가로 이어질 가능성이 높아진다.

8) 면접 질문의 답변은 90초를 넘기지 말자

면접관은 짧은 시간 안에 여러 지원자를 평가해야 하며, 모든 지원자의 답변에 오래 집중하기 어렵다. 1분 30초를 넘기는 답변은 면접관의 집중력을 떨어뜨리며, 답변의 핵심이 전달되지 않을 가능성이 있다.

너무 길게 답변하면 핵심에서 벗어난 불필요한 정보가 포함될 가능성이 커지게 되며, 답변의 목적을 흐리게 하여 면접관이 원하는 답을 찾기 어렵게 만든다. 간결한 답변은 이러한 위험을 줄여주고, 질문에 맞춘 정확한 답변을 제공할 수 있게 해준다.

짧고 명확한 답변은 지원자의 커뮤니케이션 능력을 보여주기에 회사에서, 질문에 대한 답변을 간결하게 전달하는 능력은 직장에서 중요한 역량으로 평가된다.

9) 혁신형 제약기업 반드시 확인하기

본인이 지원한 회사가 혁신형 제약기업 인증을 받은 기업인지 반드시 확인하라. 지원자가 이것을 알고 면접에 임한다면 합격률을 현저하게 높여 줄 것이다. 구글이나 네이버에 검색하는 방법도 있고 지원회사 홈페이지를 통해서도 확인 할 수 있다.

혁신형 제약기업은 2012년 3월 31일 시행되어, 10년간 효력을 가지는 '제약산업 육성 및 지원에 관한 특별법'에 따라 신약 개발 R&D 역량과 해외 진출 역량이 우수하다고 인증된 기업을 말한다.

혁신형 제약기업은 일반적인 제약회사와 달리, 연구개발 역량을 중심으로 활동하며 지속적인 신약 개발과 혁신적인 의약품 생산을 목표로 하는 기업을 의미한다. 단순히 기존 의약품을 생산·판매하는 것에 그치지 않고, 차별화된 신약을 개발하거나 새로운 치료법을 연구하는 데 많은 비용을 투자한다.

국내 시장에만 머무르지 않고, 국제적인 경쟁력을 갖춘 제품을 개발하여 글로벌 시장으로 진출을 모색하고 있다.

혁신형 제약기업으로 선정되기 위해서는 몇 가지 요건을 충족해야 하는데, 정부는 보건복지부를 통해 혁신형 제약기업을 선정한다.

선정 기준을 살펴보면, 연구개발 투자 비용은 매출액 1,000억 원 미만 기업은 매출액의 7% 이상 1,000억 원 이상의 기업은 5% 이상, 미국 또는 EU GMP 시설 보유 기업의 경우는 3% 이상의 기준을 두고 있다.

신약 개발 경험과 그 성과가 인정되어야 하며, 특히 글로벌 시장에 진출 가능한 신약 개발을 위한 역량이 요구된다.

혁신형 제약기업은 국내외 연구소, 학계, 그리고 바이오테크 기업들과 활발한 협력과 기술 이전을 통해 연구개발 성과를 증대시키고 있다.

정부가 혁신형 제약기업을 선정하는 이유는 국가 차원에서 신약 개발 및 의료산업 발전을 지원함으로써, 국민 건강 증진과 경제 성장을 동시에 도모하기 위함이다.

혁신형 제약기업으로 선정된 기업은 다양한 혜택을 받게 되며, 이러한 혜택은 연구개발 역량을 더욱 강화하는 동력이 된다.

혁신형 제약기업에 선정되면 신약 개발에 필요한 자금 조달을 돕기 위해 정부는 연구개발 지원금을 제공하며, 특정 질병 치료제 개발 프로젝트에 대해 집중적인 지원을 하기도 한다.

연구개발에 투자한 비용에 대한 세금 공제 혜택을 제공함으로써, 기업들이 더욱 공격적으로 연구개발에 나설 수 있도록 장려하며 혁신형 제약기업이 글로벌 시장에 진출할 수 있도록 다양한 국제 협력 프로그램을 운영하고, 기술 이전 및 해외 판로 개척을 지원한다.

혁신형 제약기업은 제약산업의 발전을 선도하며, 국가 경제 및 국민 건강에 중대한 역할을 하고 있다.

새로운 질병 치료제를 개발하여 환자들에게 더 나은 치료 기회를 제공함으로써 기존 치료법으로는 효과가 없거나 부작용이 큰 경우, 혁신적인 신약개발이 환자들의 삶의 질을 크게 개선할 수 있다.

제약산업은 고부가가치 산업으로, 혁신형 제약기업의 신약 개발 성공은 국내 제약산업의 국제 경쟁력을 크게 강화시킨다. 이러한 기업들은 글로벌 시장에서도 중요한 경쟁자로 자리 잡고, 수출을 통해 국가 경제 성장에 기여한다.

8.
면접에서 자주 묻는
질문과 대응책

1) 자기소개를 1분 안으로 해주세요.

1분 안에 '나'라는 제품을 회사에 팔아야 한다. 그러므로 자기소개는 간결하면서 명확해야 한다. 앞에서도 언급 한 적이 있는데, 기죽지 말고 당당한 어투로 말해라. 회사도 인재가 필요하다는 점을 잊지 말자. 어떤 경력이나 경험을 쌓아왔는지 구체적으로 언급해야 하며, 특히 지원하는 직무와 관련된 경력이나 경험을 강조하는 것이 효과적이다. 성과나 구체적인 수치 등을 활용하면 더 설득력 있게 전달할 수 있다.

지원 회사에 대한 관심과 직무에 대한 열정을 보여주어야 한다. 면접관은 지원자가 단순히 일자리를 얻기 위해 지원하는 것이 아니라, 회사와 직무에 대해 진정한 열정을 가지고 있는지를 보고 싶어 한다. 회사의 비전, 핵심 제품, 연구 방향 등을 언급하며 자신이 어떻게 회사에 기여할 수 있는지 설명하는 것이 중요하다.

자기소개를 마무리할 때는 긍정적이고 열정적인 톤으로 끝맺는 것이 면접관에게 자신감 있고 적극적인 인상을 남길 수 있으며, 이를 통해 면접관이 지원자에 대해 더 호감을 가질 수 있게 된다.

2) 많은 제약회사 중 왜 우리 회사를 지원하였나요?

회사의 비전, 핵심 가치, 제품, 연구개발 방향, 최근 성과 등을 미리 조사하고, 지원자가 그에 어떻게 공감하고 기여할 수 있는지 연결해야 한다. 단순한 관심을 넘어, 지원자가 회사에 대해 깊이 이해하고 있음을 보여주는 것이 중요하다.

자신의 목표나 성장 방향이 회사의 비전이나 목표와 일치하는 점을 강조하는 것이 중요하다. 지원자는 회사에서의 역할이 본인의 장기적인 목표를 이루는 데 어떻게 도움이 되는지 설명할 수 있어야 한다.

회사가 개발 중인 신약이나 주력 제품에 관해 이야기하며, 지원자가 그 분야에 대해 얼마만큼 관심을 가지고 있으며, 회사의 성과를 높이 평가하는 것을 언급하자. 구체적인 제품이나 연구를 언급하면, 지원자가 회사에 대해 진지한 관심을 가지고 있음을 보여줄 수 있다.

회사가 미래에 어떤 방향으로 성장할지에 대해 자신의 의견을 제시하고, 그 과정에서 자신이 어떻게 기여할 수 있을지를 구체적으로 답변하자. 이를 통해 지원자가 회사와 함께 성장할 수 있는 인재임을 보여줄 수 있다.

3) 왜 제약회사를 선택하였나요?

제약산업이 왜 흥미로운지, 왜 본인이 이 분야에 관심을 가지게 되었는지를 설명해야 한다. 의약품 개발이 인류 건강에 미치는 영향과 같은 요소를 언급하면 좋다.

특히, 신약 개발이나 의료 혁신 등 구체적인 이유를 설명하며 자신이 왜 제약회사에 끌렸는지를 전달해야 한다.

제약산업의 발전 가능성과 도전적인 성격에 대한 개인적인 생각을 설명하자. 신약 개발 과정의 복잡성이나 의약품 규제, 글로벌 시장에서의 경쟁과 같은 도전적인 요소가 매력적이었다고 말하면 좋다.

본인의 경험이나 강점이 제약산업에서 어떻게 활용될 수 있을지를 설명하는 것도 하나의 방법이다. 연구개발, 영업, 품질 관리 등 자신이 선택한 직무와 산업의 요구 사항을 연결하자.

제약회사의 사회적 가치를 언급하며, 건강한 사회를 만들기 위해 제약회사의 역할이 중요하다는 점을 강조하면 효과적이다.

4) 현재 제약산업의 트렌드에 대한 본인의 생각은?

이 질문은 제약산업에 대한 지원자의 이해도를 평가하는 질문이다. 최근의 제약업계 주요 트렌드를 정확히 이해하고, 그 트렌드가 산업에 미치는 영향을 분석하여, 지원자가 그 트렌드 속에서 어떻게 기여할 수 있을지를 설명하는 방식으로 답변이 이루어져야 효과적이다.

현재 제약산업에서 가장 큰 트렌드 중 하나는 바이오 의약품의 급격한 성장세이다. 기존의 화학 기반 의약품과 달리, 바이오 의약품은 복잡한 단백질이나 세포를 기반으로 개발되어 치료 효율성을 높일 수 있으며, 특히 희귀 질환 및 만성 질환 치료에서 큰 잠재력을 가지고 있다. 또한, 개인 맞춤형 의료도 중요한 트렌드로 자리 잡고 있는데, 유전자 분석을 통해 환자의 개별적인 특성을 반영한 치료법을 제공함으로써, 보다 정밀하고 효과적인 치료가 가능하게 되었다.

바이오 의약품은 기존의 치료법으로는 한계가 있었던 질병들에 대한 새로운 치료법을 제공하며, 제약회사의 신약 개발 전략에도 큰 변화를 일으키고 있다. 또한 개인 맞춤형 의료는 제약회사들이 환자 데이터를 활용한 새로운 약물 개발과 치료 방법을 연구하게 만들고 있다.

5) 팀 프로젝트를 통한 협업의 경험이 있나요?

STAR 기법을 사용하면 효과적이다.

협업 경험을 설명할 때는 STAR 기법을 사용하면 답변을 구조적으로 정리할 수 있다.

S (Situation): 어떤 상황에서 협업이 필요했는지 설명.

T (Task): 그 상황에서 팀이 해결해야 했던 과제나 목표.

A (Action): 그 상황에서 본인이 팀 내에서 맡았던 역할과 기여.

R (Result): 협업의 결과로 팀이 달성한 성과나 배운 점.

지원자는 협업을 통해 구체적인 성과를 얻었던 경험을 설명하는 것이 좋다.

협업의 중요성을 강조하며, 본인이 어떤 방식으로 팀에 기여했는지 구체적으로 설명하자.

팀 내에서 갈등이나 도전 과제가 있었을 경우, 이를 어떻게 협력적으로 해결했는지를 설명하면 더욱 효과적이다. 팀 내에서 의견 차이를 조정하거나, 협력하여 문제를 해결한 경험을 강조하자. 협업을 통해 배운 점이나 이후의 성과를 간결히 언급하며, 앞으로도 팀에서 협업의 가치를 높이 평가한다는 점을 이야기하자.

6) 자신의 가장 큰 약점은 무엇인가요?

이 질문은 지원자가 자신에 대해 얼마만큼 잘 알고 있는지와 약점을 극복하려는 노력을 평가하는 질문이라고 볼 수 있다. 효과적으로 대답하기 위해서는 자신의 약점을 솔직하게 인정하면서도, 그것이 직무에 큰 영향을 미치지 않도록 하는 노력과 개선하려는 계획을 함께 설명하는 것이 중요하다. 약점을 부정적으로만 언급하는 것이 아니라, 이를 긍정적으로 전환하는 것이 요령이다.

7) (영업부서의 경우) 본인이 영업에서 성공할 수 있는 이유는 무엇이라고 생각하나요?

영업은 매출로서 결과를 증명하는 부서이다. 그렇기 때문에 숫자에 대한 반응이 즉각적인 부서라는 것을 염두에 두고 답변을 준비하도록 하자.

영업에서 성공하려면 고객과의 소통, 관계 구축 능력, 문제 해결 능력, 결단력 등이 필요하다. 자신의 경험을 바탕으로 이러한 역량을 어떻게 발휘해 왔는지 구체적으로 설명하자.

영업과 관련된 경험이 있다면 그 사례를 통해 성과를 설명하는 것이 효과적이며 객관적이고 자세한 수치를 제시하면 더 설득력 있는 답변이 된다.

영업은 끈기와 열정이 중요한 직무이다. 고객의 요구와 문제를 해결하기 위해 어떤 방법으로 어느 정도의 노력을 하였는지, 그리고 고객 만족을 위해 무엇을 중시하는지 설명하자. 영업부에서는 프레젠테이션 기술도 필요하다. 제품설명회와 같은 자리에서 제품에 관한 전문지식과 설득력 있는 프레젠테이션 스킬이 다른 지원자보다 뛰어나다면 차별화된 강점이 될 수 있다.

8) (영업부서의 경우) MR에게 가장 중요한 것은 무엇이라고 생각하나요?

영업부에서 가장 중요시 하는 것은 당연히 실적이다. 가장 먼저, 실적에 관한 자신의 계획을 구체적으로 이야기하는 것이 효과적이다.

제약 영업에서는 의사나 약사와의 신뢰를 바탕으로 제품을 설명해야 한다. 고객들이 특정 의약품을 선택하고 처방할 때는 제품의 효능뿐만 아니라, 그 제품을 소개하는 영업 사원이 얼마나 신뢰할 만한 사람인지도 중요한 요소이다.

제약 영업은 과학적인 정보와 임상 데이터를 기반으로 고객들에게 정확한 제품 정보를 제공해야 한다. 이를 위해 의사들이 제품을 신뢰하고 환자에게 적절히 처방할 수 있도록 충분한 과학적 근거와 데이터를 제공해야 한다.

고객의 필요를 이해하고 그들의 문제를 해결하는 고객 중심의 접근을 해야 한다. 각 고객의 요구 사항에 맞춘 맞춤형 제안을 통해 고객과의 관계를 강화하고, 장기적으로 회사와 고객 간의 신뢰를 유지해야 한다.

한 번의 영업으로 끝나는 것이 아니라, 지속적인 관리와 피드백이 중요하다. 고객들이 제품을 사용한 후 그들의 의견에 귀를 기울여, 문제를 신속히 해결하는 지속적인 피드백 과정을 통해 더 강한 관계를 유지할 수 있게 된다.

9) 최근 제약산업 관련 뉴스를 하나 설명해 주세요.

최근 제약산업에서 큰 영향을 미친 뉴스나 사건을 선택한다. 가능하면 본인이 지원한 회사에 관한 기사를 선택하는 것이 좋다. 신약 승인, 백신, 바이오 의약품, 특허 만료 제품, 기업 인수합병 등 다양한 주제를 다룰 수 있다.

뉴스를 간단하고 명확하게 요약하자. 중요한 점을 간략하게 전달하되, 본인이 뉴스를 잘 이해하고 있음을 보여주면 된다.

그 뉴스가 본인이 지원하는 직무와 어떻게 연결될 수 있는지 설명하거나, 자신이 그 뉴스를 보고 느낀 점을 간략히 덧붙여 보자. 이를 통해 제약산업에 대한 관심과 이해도를 효과적으로 보여줄 수 있다.

10) 제약산업에서 윤리가 중요한 이유는 무엇이라 생각하나요?

제약산업의 특성과 윤리적 책임이 환자의 생명과 건강에 직결된다는 점을 강조하는 것이 중요하다. 이 질문을 통해 면접관은 지원자가 제약산업에서의 윤리적 기준의 중요성을 얼마나 깊이 이해하고 있는지, 그리고 윤리적 행동을 실천할 의지가 있는지를 평가하려는 의도이다.

11) 본인만의 스트레스 관리법이 있나요?

이 질문은 스트레스 상황에서도 안정적으로 일하고 문제를 해결할 수 있는지 파악하려는 의도와 스트레스를 다루는 방법을 통해 지원자의 성숙도, 자기 인식, 대처 능력을 파악하려는 것이다.

면접관이 보기에 성숙하고 생산적인 방식으로 보일 답변을 준비하며, 자기 인식이 있다는 것, 스트레스 상태를 잘 파악하고 관리한다는 것을 강조하자.

그리고 회사에 긍정적인 영향을 미칠 수 있는 스트레스 관리법을 제시하면 좋다.

12) (마케팅부서의 경우) 우리 회사는 어떤 방향으로 마케팅을 하면 좋을까요?

제약회사의 경험이 전혀 없는 지원자가 어떻게 지원회사의 마케팅 방향성에 관해 설명을 할 수 있나? 라는 생각이 들 것이다.

이 질문은 지원자가 지원 회사의 시장 상황과 마케팅 전략에 대한 이해도를 평가하기 위한 질문이라고 생각하면 된다. 그리고 본인이 생각하고 있는 마케팅 전략은 이미 회사에서 이미 실행하고 있는 마케팅 방법일 것이다. 면접관 또한, 지원자가 획기적인 마케팅 방법을 제시할 것이라는 기대는 없다. 만약 정말 회사가 생각지도 못한 방법을 제시한다면 100% 합격일 것이다. 하지만 그럴 가능성은 희박하다. 그래서 지원회사가 현재 어떤 방식으로 마케팅을 하고 있는지 알고 있는 것만 해도 면접관은 긍정적인 평가를 할 것이다.

우선 회사의 재무제표를 확인해 보자. 전자공시 시스템(DART)에 들어가 회사명을 입력하면, 감사보고서를 확인할 수 있는데, 거기서 회사의 재무제표를 확인 할 수 있다.

연 매출액, 매출 총이익, 직원 급여, 복리후생비, 광고 선전비, 교육훈련비, 기부금, 당기순이익까지 확인이 가능하다. 이런 정보들을 조합하여 지원회사의 연 매출에 비해 광고 선전비가 조금 부족한 것 같다. 혹은 교육훈련비에 조금 더 예산을 투입하면 어떨까?

기업의 사회적 책임(Corporate Social Responsibility)에 관한 언급을 한다면, 면접관의 질문에 충분한 답변이 될 것이다.

13) (생산부서의 경우) 의약품의 품질 관리에서 중요한 요소는 어떤 것들이 있나요?

1 GMP(Good Manufacturing Practice) 준수
의약품의 품질 관리에서 가장 중요한 요소 중 하나는 GMP를 철저히 준수하는 것이다. GMP는 의약품의 안전성과 일관성을 보장하기 위한 국제적인 기준으로, 생산 과정의 모든 단계에서 엄격한 규정을 따르는 것이 필수적이며, 제조 시설의 위생, 원료 관리, 생산 공정의 일관성, 최종 제품의 품질 테스트 등을 포함한다.

2 원료 관리와 추적
의약품의 원료는 제품의 품질에 직접적인 영향을 미치므로, 원료의 품질과 추적 관리가 매우 중요하다. 원료의 공급업체 선택부터 품질 검사, 보관, 그리고 사용까지의 모든 단계에서 철저한 관리가 이루어져야 하며, 원료가 불량하거나 오염되지 않았는지 확인하는 것이 필요하다.

3 공정 일관성과 품질 테스트

의약품의 품질을 보장하기 위해서는 생산 공정의 일관성이 이루어져야 한다. 의약품은 작은 변동에도 품질 차이가 생길 수 있으므로, 제조 과정이 항상 동일한 방식으로 이루어져야 하며, 이를 위해 품질 테스트가 필수적이다. 제품이 최종적으로 환자에게 공급되기 전에 엄격한 품질 검사(순도, 안정성, 유효성 등)를 통과해야 한다.

4 위생과 안전 관리

의약품 제조 환경에서의 위생 관리는 필수이다. 제조 설비와 작업 환경이 청결하고 오염되지 않도록 철저히 관리되어야 하며, 제품이 오염되거나 부적절한 조건에서 생산되지 않도록 해야 한다. 작업자의 안전과 설비 관리 역시 중요하며, 이를 통해 안전한 제품이 제조될 수 있다.

14) 입사 후 포부에 관해 말해 주세요.

입사 후 1~2년 동안의 단기적인 목표를 설정하고, 그 목표를 달성하기 위한 구체적인 계획을 설명하자. 새로운 환경에 적응하고, 직무 역량을 키우며, 회사에서 가치를 창출할 수 있다는 점에 포인트를 두자.

장기적으로는 회사에서 어떤 역할을 맡고 싶은지, 그리고 그 역할을 통해 회사의 비전이나 목표에 어떻게 기여할 수 있는지를 설명하면 효과적이다. 회사의 비전과 자신의 목표를 연결해야 설득력이 높아진다.

단순히 추상적인 포부를 말하기보다, 구체적인 계획을 제시하는 것이 효과적이다. 어떤 교육이나 자격증을 통해 전문성을 키울 계획이 있는지, 회사에서 어떤 프로젝트나 목표를 달성하고 싶은지에 대해 구체적으로 설명하자.

15) 압박 면접에 관하여

일부 제약회사에서는 압박 면접을 실시하기도 하니, 압박 면접에도 미리 준비 하여야 한다.

압박 면접은 지원자가 곤란한 상황에서도 얼마나 차분하게 대응할 수 있는지를 평가하려는 의도이다. 면접관의 공격적인 질문이나 비판에도 당황하지 않고, 차분하게 답변하는 것이 중요하며, 감정적으로 반응하지 않고 논리적으로 답변을 이어 나가자.

압박 면접에서는 자신감이 중요하다. 면접관이 공격적인 태도를 보여도 자신의 역량을 믿고, 움츠러들지 말고 당당하게 대응하는 것이 좋다. 자신의 경험과 능력에 대해 확신을 가지고 말하되, 겸손함도 유지하는 균형 잡힌 태도가 필요하다.

PART 3.

기초 영업,
이건 알아야 한다

1.
일반의약품과 전문의약품
영업 방법과 차이

제약 영업은 크게 일반의약품(OTC, Over The Counter)과 전문의약품(ETC, Ethical The Counter) 영업으로 나뉜다고 앞부분에서 언급한 바 있다. OTC와 ETC는 의약품의 특성에 따라 영업 전략이 달라지며, 타깃 고객, 제품 정보 전달 방식, 규제 및 법적 요구 사항 등에서 차이가 있다. 일반의약품과 전문의약품 영업의 차이에 관해 알아보자.

1) 타깃 고객

일반의약품은 의사의 처방전 없이 소비자가 직접 구매할 수 있는 의약품으로, 주로 약국에서 판매된다. 따라서 일반의약품 영업의 주요 타깃은 약사이다. 이들은 소비자와 직접 접촉하여 판매를 촉진하므로, 약사와의 관계가 중요하다.

전문의약품은 의사의 처방이 있어야만 구입할 수 있기 때문에 의사, 병원이 주요 고객이다. MR은 의사나 병원 관계자들에게 제품의 효능과 임상 데이터를 제공하고, 처방을 이끌어 내야 한다.

2) 영업 전략

일반의약품 영업에서는 브랜드 마케팅과 제품 홍보가 중요하다. 소비자가 직접 선택하는 의약품이므로 광고, 판촉 활동, 대중 매체 활용 등이 주요 전략으로 사용된다.

또한, 약국에서 제품이 눈에 잘 띄도록 진열하거나, 약사에게 제품의 장점을 설명하여 소비자에게 추천할 수 있게 만드는 전략이 필요하다.

회사는 TV, 온라인, SNS 등 다양한 채널을 활용해 제품 인지도를 높이고, 소비자에게 구매를 이끌어 낸다.

전문의약품 영업은 과학적 정보 전달과 의료 전문가와의 신뢰 구축이 핵심이다. 의사가 환자에게 처방할 제품을 선택할 때는 광고보다 임상 데이터, 제품의 효능, 안전성에 대한 정보가 더 중요하다. 따라서 MR은 의사에게 신약의 임상시험 결과, 사용 사례 등을 기반으로 제품을 설명하며, 처방으로 이어지도록 한다.

3) 제품 정보 전달 방법

소비자가 직접 구매할 수 있는 일반의약품은 약사가 메인 타깃이 되고, 제품의 효능 및 특장점, 경쟁사와의 차이점을 설명하고, 광고나 포장지에 제품의 효과를 직관적으로 설명하여 소비자가 쉽게 이해할 수 있는 방식으로 정보를 제공하며 가격, 효과, 편리성을 강조한다.

전문의약품은 소비자가 직접 구매할 수 없기 때문에 제품의 정보를 의사에게 전달해야 한다. 그러므로 ETC 담당자는 의사가 메인 타깃이라 할 수 있다. 이에 따라 제품 설명은 주로 진료실에서 이루어진다.

4) 법적 규제와 제한

일반의약품은 소비자가 직접 구매할 수 있기에, 의약품 광고 규제를 준수해야 한다. 제품의 효과를 과장해서는 안 되며, 허위 광고를 하면 법적 제재를 받을 수 있다. 일반의약품은 마케팅이 비교적 자유롭지만, 소비자 보호법과 관련된 규제를 잘 이행해야 한다.

전문의약품은 광고가 금지되거나 매우 제한적으로 허용된다. 의약품의 안전성과 효과에 대한 정보는 의료 전문가에게만 전달할 수 있으며, 대중 매체를 통한 광고는 법적으로 제한된다. 따라서 영업 활동도 의사나 병원을 대상으로 이루어지게 된다.

5) 소비자 접근성

소비자는 약국, 편의점 등을 통해 일반의약품을 구입할 수 있으며, 회사는 제품이 다양한 채널에서 쉽게 구매될 수 있도록 유통 전략을 수립하고 있다.

전문의약품은 반드시 의사의 처방이 있어야 구매할 수 있으므로, 일반 소비자가 직접 접근하기는 어렵다. 따라서 의사나 약사에게 제품에 관해 충분한 정보를 제공하여, 환자에게 적절한 처방을 할 수 있도록 해야 한다.

6) 가격 정책

일반의약품은 다양한 유통 채널을 통해 경쟁이 치열하기 때문에, 가격이 중요한 요소이다. 소비자에게 합리적인 가격으로 제공되어야 하며, 때로는 할인 프로모션을 통해 소비자를 유도하기도 한다.

전문의약품은 의사의 처방을 통해 이루어지므로, 가격도 중요하지만 제품의 효능과 안전성이 더 중요한 선택 기준이 된다.

2.
1차, 2차, 3차 병원
영업방식 차이

앞부분에서 1차, 2차, 3차 병원에 관해 간략히 설명을 하였다. 이번에는 조금 더 자세히 알아보고 병원별 영업 방법에 관해 알아보자.

1) 1차 병원 영업

1차 병원은 흔히 동네에서 보는 개인병원으로, 30병상 이하의 입원실을 보유하고 있고 감기나 두통, 당뇨, 고혈압 등의 비교적 경미한 질병을 치료하는 역할을 한다. 제약업계에서는 1차 병원을 로컬병원, 클리닉 병원이라고 부르며, 영업사원의 경우 '로컬'이라는 단어를 주로 사용하고 의사를 원장님이라 부른다. 이렇게 실제 제약 영업 현장에서 사용하는 용어들을 알고 있으면, 제약회사 취업 합격률을 올릴 수 있을 것이다. 자기소개서는 물론 면접에서도 이런 용어들을 사용하면 지원자가 제약업계에 많은 관심이 있다고 생각되기 때문이다.

의사 1~2명이 운영하는 곳이 대부분이며, 환자들은 1차 병원에서 진료를 받은 후, 더 전문적인 치료가 필요한 경우 2차나 3차 병원으로 의뢰한다.

로컬 병원의 의사들은 병원이 본인의 소유이기 때문에 약품을 선정할 때 누구와 상의할 필요가 없다. 본인이 처방하고 싶은 약을 처방하면 된다. 그렇기에 2차, 3차 병원에 비해 새로운 약을 랜딩하기 수월한 편이며, 경쟁사의 약이 랜딩 되기도 쉽다. MR은 본인 회사 제품을 랜딩하며, 경쟁사의 유입을 막아야 한다. 같은 제형과 성분의 제품이 병원 전산에 함께 등록되어 있는 경우를 복수 코드, 혹은 더블 코드라고 이야기한다. 복수 코드인 병원의 경우에는 경쟁사보다 많은 처방을 이끌어내야 하며, 최종 목표는 경쟁사 제품을 코드 아웃 시키는 것이다.

로컬 병원에서 주로 사용되는 의약품은 만성질환 치료제(고혈압, 당뇨병, 고지혈증), 소화기 약물, 진통제, 감기약 등이 있고, MR은 이러한 질환을 치료하는 제품을 중심으로 영업을 진행한다.

2) 2차 병원 영업

2차 병원은 100~500병상의 입원실을 보유하고 있으며, 진료과목이 아홉 개 이상으로, 1차 병원보다 조금 더 정밀한 진료와 검사를 받을 수 있다. 제약업계에서는 종합병원, 혹은 줄여서 '종병'이라고 부르며 해당 진료과의 의사를 과장님이라고 부른다.

종합병원은 소화기내과, 호흡기내과, 정형외과, 신경외과, 가정의학과, 이비인후과, 소아청소년과 등 다양한 전문과를 운영하며, 환자들이 보다 전문적인 치료를 받기 위해 방문하게 된다. 입원 환자가 많으며, 로컬 병원에 비해 더 세부적인 검사와 치료가 가능하다.

종합병원의 신규는 로컬 병원과는 성격이 많이 다르다.

신약을 랜딩 하기 위해서는 우선 신약신청서를 작성한 후 약제 심의 위원회(Drug committee, DC)의 승인을 받아야 한다.

DC는 정규 DC와 응급 DC로 나눌 수 있다. 정규 DC는 병원마다 조금씩 차이가 있는데, 1년에 2회, 혹은 분기에 1회를 실시하는 병원들이 많다. 그러므로 MR은 병원별 DC 일정을 정확하게 파악하고 있어야 한다. 병원에서 모든 제품을 DC에 상정할 수 없고, 진료과마다 올릴 수 있는 약품의 수가 제한되어 있는 경우가 대부분이다. DC 일정은 병원 홈페이지에 공개되어 있는 경우도 있고, 공개되지 않는 경우도 있다. 후자의 경우에는 약제과를 방문해 DC 일정을 알아볼 수 있다.

MR은 어떤 진료과를 통해, 그리고 어느 과장을 통해, 언제 DC를 상정할 것인지를 고민해야 한다. DC가 통과 되었다고 바로 코드가 잡혀 처방이 되는 것은 아니다. DC 통과 후에 의약품 도매상과의 단가 계약 체결이 이루어져야 하기 때문에 실질적으로 처방은 1~2개월 정도 시간을 두어야 한다.

의약품 도매상과의 단가 계약은 MR이 직접 하진 않는다. 회사의 영업지원 부서에서 담당하니 거기까진 걱정하지 않아도 된다.

신약신청서에는 제품명, 효능, 제형, 가격, FDA 승인 등 약에 관한 정보를 기입한다. 신규 제품을 등록하거나, 경쟁사의 품목을 바꾸는 것은 쉽지 않지만, DC 기간에 신약 신청을 못하게 된다면 다음 DC 기간까지 시간을 허비해야 하므로 영업 활동에서 매우 중요한 일이다.

응급 DC는 정규 DC와는 달리 해당 의약품이 급하게 코딩이 필요할 때 열리게 된다. 그렇기 때문에 정규 DC보다 빠른 시간에 제품을 랜딩 할 수 있는 큰 장점이 있다.

종합병원에서는 로컬병원보다 전문적인 의약품이 필요하므로. MR은 의약품의 과학적 근거와 임상 데이터를 제공해야 하며 의사들이 제품에 대한 신뢰를 가질 수 있도록 의학적 정보를 명확하게 전달해야 한다.

종합병원은 여러 진료과가 있기 때문에, 제약 영업 담당자는 각 과별로 필요한 약물을 구분하여 맞춤형 영업을 해야 한다. 예를 들어, 내과 의사에게는 당뇨나 심혈관 질환 치료제를, 외과 의사에게는 수술 후 회복을 돕는 약물을 제안하는 방식이다.

종합병원에서는 여러 의료진이 팀을 이루어 치료하기 때문에, 의사뿐만 아니라 약사, 간호사와도 협력 관계를 형성하는 것이 중요하다.

약제과에서 의약품 관리나 처방이 이루어지기 때문에, 원내 약사와의 관계가 처방에 영향을 주기도 한다.

3) 3차 병원 영업

3차 병원은 상급종합병원이라고 부르며, 500개 이상의 병상을 가지고 진료과목이 20개 이상인 병원으로, 최고 수준의 의료 서비스를 제공한다. 중증 질환을 전문적으로 치료하며, 주로 고난도 수술, 희귀 질환 치료, 신약 임상시험 등이 이루어진다.

대학병원의 의사는 교수님이라고 불러야 한다. 대학병원의 의사에게 원장님이라는 표현을 사용하면 안 된다.

희귀 질환 치료제, 항암제, 바이오 의약품 등이 많이 사용되며, 복잡한 치료 과정을 지원하는 약물 영업이 핵심이다.

3차 병원은 임상시험이 자주 이루어지는 곳이므로, 제약회사와 병원이 연구 협력을 통해 신약 개발에 기여할 수 있다. MR은 임상시험 지원을 통해 제품을 알리고, 신약이 병원에서 사용될 수 있도록 유도할 수 있다.

3차 병원 역시 종합병원과 같은 신약 신청 과정이 필요하다. MR은 병원의 DC 일정을 파악하고, 의사, 약사와 장기적인 신뢰 관계를 쌓는 것이 중요하다.

3.
일반의, 전공의, 전문의 구별

제약회사의 고객인 의사는 어떤 과정을 통해 의사가 되었는지와 더불어, 혼동하기 쉬운 일반의, 전문의, 전공의에 관해 알아보자.

1) 일반의

일반의가 되는 방법은 크게 2가지로 나눌 수 있다.

첫 번째 방법은 4년제 대학을 졸업 후 의전원(의학전문대학원)에서 4년의 과정을 수료한 후 의사 국가시험(KMLE)에 합격하는 방법이다.

두 번째 방법은 의과대학에서 6년의 과정을 수료한 후 의사 국가시험에 합격하는 방법이다.

의과대학의 경우 의예과 2년, 의학과(본과) 4년으로 구분할 수 있고, 의예과 2년의 과정에는 일반교양 수업과 의학 관련 전공과목이 포함되는데, 의학 학문의 기초를 다지는 기간이라고 보면 된다.

의학과 3학년부터는 본격적인 의학 지식과 임상 실습을 병행하게 된다.

일반의는 의사 면허를 취득한 후, 전문의 과정을 밟지 않고 바로 의사로 활동할 수 있다. 일반의는 보통 1차 의료기관인 동네 병원이나 보건소 등에서 근무하며, 비교적 간단한 질병 진단과 치료를 한다.

2) 전공의

의사 면허를 취득한 후에는 보통 1년간의 인턴 과정을 수료해야 한다. 인턴은 병원의 여러 과를 순환하며 기본적인 임상 경험을 쌓고, 각 과에서 실습을 통해 진료 현장을 체험하여 자신에게 맞는 전문 과목을 선택하게 되며, 이후 전공의 과정을 지원하게 된다.

인턴 과정을 마치고 난 후, 내과, 외과, 소아과, 산부인과, 이비인후과 등 특정 전문 분야를 선택하여 전공의 과정에 지원한다.

일반적으로 레지던트(resident)라고도 불리며, 전공의 과정은 4년 동안 진행되고, 선택한 전문 과목에 따라 필요한 수련 기간이 달라지기도 한다.

전공의로 근무하는 동안 각 전문 과목의 진단, 치료, 시술 등 임상 기술을 배우고, 교수님의 지도 아래 다양한 환자를 돌보게 된다.

전공의 과정을 마친 후에는 각 과목별로 전문의 자격시험에 응시해야 하며, 이 시험에 합격하면 해당 분야의 전문의 자격을 취득하게 된다.

3) 전임의

전임의라는 단어는 생소할 수 있는데, 전임의에 대해 알고 있는 제약회사 지원자라면, 채용을 담당하는 인사과에서 취업 준비를 굉장히 많이 한 지원자라 생각할 것이다.

전임의는 전문의 자격을 취득한 후, 해당 분야에서 더 깊이 있는 전문 지식과 기술을 쌓기 위해 추가적인 수련과 연구를 진행하는 의사를 말한다. 전임의라는 단어는 제약업계에서는 거의 사용하지 않고 일반적으로 펠로우(fellow)라고 부른다.

4.
의료전문가와의
신뢰 형성의 중요성

의사와 약사는 제품의 우수성만 보고 제품을 선택하진 않는다. 그들은 그들만의 처방 패턴이 있기에 새로운 의약품을 선뜻 받아들이기 힘들다. 그렇기 때문에 MR의 역할이 무엇보다 중요한데, 그중 가장 중요한 부분이 신뢰 관계를 형성하는 것이다.

MR은 자사 제품을 완벽하게 이해하고 숙지하고 있어야 한다. 의사와 약사가 어떠한 질문을 하더라도 바로 답변을 제공할 수 있어야 한다. 자기가 판매하는 제품조차 제대로 알지 못하는 MR에게 신뢰를 가지기는 어려울 것이다.

제품의 성분명, 작용기전, 효능, 안전성, 임상시험, 보험적용 범위, 가격 등을 의료 전문가에게 정확하게 전달해야 한다. 잘못된 정보나 과장된 정보는 MR뿐만 아니라, 회사에 대한 신뢰를 잃게 만들 수도 있다.

제약 영업은 단기간의 성과보다는 장기적인 관계를 중요시해야 한다. 특히 전문의약품의 경우, 의사들이 오랜 기간에 걸쳐 특정 약물을 처방하는 경향이 있기 때문에, 지속적인 관계 유지가 매우 중요하다. MR이 지속적인 방문으로 의사와의 신뢰를 쌓고 꾸준히 관리한다면, 장기적인 처방이 유지될 가능성이 높아지게 되고, 경쟁사의 제품으로 대체될 위험이 낮아지게 된다.

신뢰 관계는 위기 상황에서 더욱 빛을 발휘하게 된다. 약물의 부작용이나 제품 결함이 발견되었을 때, MR이 의료진과의 신뢰가 충분히 쌓여 있는 상황이라면 문제 해결을 하기 위한 시간을 줄 것이다. 이러한 상황을 신속하게 해결하게 되면 MR과 제품의 신뢰감은 더욱 상승하게 된다.

반면, 신뢰가 부족한 상황에서 문제가 발생하면, 의사들은 그 제품뿐만 아니라 MR에 대한 불신을 가질 것이다. 이는 처방 감소로 이어질 수 있으며, 회사의 이미지에도 큰 손상을 줄 수 있다.

따라서 의료 전문가와의 신뢰 관계는 위기 상황에서의 신속한 대응과 문제 해결에 있어 중요한 역할을 한다.

제약시장은 경쟁이 매우 치열하기 때문에, MR은 경쟁사와의 차별화된 요소를 제공해야 한다. 의사와의 신뢰 관계는 경쟁사와의 차별화를 만드는 중요한 요소가 된다. 동일한 효능을 가진 약물이 여러 개 존재할 경우, 의사들은 더 신뢰하는 영업 담당자나 제약회사의 제품을 선택할 가능성이 높다.

5.
당신을 빛내주는
프레젠테이션의 힘

종합병원이나 상급종합병원의 경우 진료과에서 여러 명의 의사가 진료를 본다. 그렇기에 진료과 전체를 대상으로 제품을 설명할 기회가 생기는데 이럴 때 필요한 것이 프레젠테이션 능력이다. 이런 제품설명회에는 마케팅 PM(Product Manager)의 도움을 받는 것이 효과적이다. PM은 본인이 담당하고 있는 제품에 관하여 회사에서 그 누구보다 전문적인 지식을 가지고 있고, 많은 프레젠테이션 경험으로 인해 커뮤니케이션 능력이 탁월하다. 의사 입장에서 볼 때, 제품 설명회를 위해 본사에서 PM이 왔다는 것만으로 이미 신뢰를 주기에 충분하다.

하지만, PM이 모든 병원에 프레젠테이션을 하러 다닐 수는 없다. 그러므로 MR도 PM 못지않은 프레젠테이션 능력을 갖추고 있어야 한다.

의사는 수많은 제약회사에서 제공하는 정보를 접하게 된다. 이때 효과적인 프레젠테이션은 의사들의 관심을 유도하고, 그들의 참여를 촉진하는 데 중요한 역할을 한다. 브로슈어를 통한 단조로운 설명이나 일방적인 정보 전달은 의사들의 관심을 끌기에는 부족할 수 있다.

시각적인 자료와 인터랙티브 요소를 활용한 프레젠테이션은 의사들이 정보를 더 쉽게 이해하고, 제품에 대해 더 깊이 있게 생각할 수 있도록 도와준다. 임상시험 결과를 그래프나 표로 시각화하여 제품의 효과를 명확히 보여주면, 의사들이 그 데이터를 더 쉽게 받아들이고 기억할 수 있다.

또한, 사례 연구나 환자 케이스를 활용한 프레젠테이션은 실질적인 치료 현장에서 어떻게 제품이 사용될 수 있는지를 보여줌으로써, 의사들이 제품을 처방할 때 더 큰 신뢰를 가지게 만든다.

6.
MR이 약제과를
신경 써야 하는 이유

MR에게 2차, 3차 병원의 주 고객은 의사이지만, 약제과를 소홀히 해서는 안 된다.

약제과의 모든 약사를 만날 필요는 없고, 약제과장만 집중 공략하면 된다. 일반적으로 2차 병원의 경우는 약제과로 분류되고, 3차 병원은 규모가 크기 때문에 약제부로 분류되며, 타깃은 약제부장이 된다. 이번 내용에서는 편의상, 약제과장과 약제부장을 부장이라는 직책으로 통합해서 부르기로 하자.

약제부장은 의약품 관리에 있어 매우 깊숙이 관여하며, 큰 영향력을 가지고 있다. DC를 앞두고 있는 병원의 경우에는 더더욱 신경 써야 한다. DC 위원 중, 약제부장은 반드시 포함되기 때문이다.

의사는 사용할 수 있는 약제가 많을수록 좋기에 다양한 약제를 병원에 넣고 싶어 하는 데 반해 약제부장은 동일 성분의 약이 많으면 전산 코드 및 재고 관리가 힘들어진다. 그래서 가급적 제한된 수의 약품을 약제부에서 관리하고 싶어 할 것이다.

MR이 의사를 설득해서 신약을 접수한다고 해도, 약제부장이 강하게 반대한다면 DC에서 탈락하는 경우도 생길 수 있다. 그렇기에 사전에 약제부장과의 관계에도 신경을 써야 한다.

또한 약제부장을 통해 DC 일정, 자사 제품의 재고 현황, 경쟁사의 정보도 얻을 수 있으므로 효율적인 영업활동이 가능해진다.

7.
조직의 유연성을 키워주는
순환근무제도

일부 제약회사에서는 순환근무제도를 시행한다. 순환근무제도를 시행하는 이유는 다음과 같다.

1) 다양한 역량 개발과 전문성 확대

제약업계는 영업, 마케팅, 영업지원, 경영관리, 학술, 개발 등 다양한 직무가 상호 긴밀하게 연결되어 있어, 직원들이 여러 부서의 업무를 경험하면 제약산업에 대한 종합적 이해를 높일 수 있다.

2) 조직 내 유연성과 적응력 강화

순환 근무를 통해 직원들은 다양한 상황에 대한 대응 능력과 문제 해결력을 키울 수 있으며, 이는 변화가 많은 제약시장에 적응하는 데 도움이 된다.

다양한 부서를 경험한 직원은 조직 내에서 융통성 있고 유연한 인재로 성장할 수 있다.

3) 팀워크와 부서 간 협업 강화

순환 근무를 통해 직원들은 다른 부서 동료들과의 협력 방법을 배우고, 다양한 부서의 업무 방식을 이해하게 됨으로써 부서 간의 의사소통과 협업이 원활해지고, 공통 목표 달성을 위한 협력적 분위기가 형성된다.

4) 성과 관리 및 인재 평가에 용이함

여러 부서를 경험하는 과정에서 직원들은 각 부서의 업무에 대한 다양한 평가를 받게 되며, 이는 회사가 해당 직원을 보다 정확하게 평가하는 데 도움을 준다. 이를 통해 장기적인 리더십 후보를 발굴하거나, 직무 적합성을 검증하는 데 도움이 된다.

5) 직무 피로와 이직률 감소

동일한 업무를 오랜 기간 수행하면 직무 피로와 일정한 업무 패턴에 대한 매너리즘이 발생할 수 있는데, 순환 근무는 이를 완화해 주는 역할을 한다. 다양한 업무를 경험하면서 직무에 대한 새로운 도전과 동기 부여가 이루어져, 이직률을 낮추는 효과가 있다.

6) 전략적 리더 육성

제약회사는 다양한 영역에서의 경험이 풍부한 리더를 원하기 때문에, 순환 근무를 통해 향후 전략적 의사결정을 내릴 수 있는 리더를 양성할 수 있다. 여러 부서를 경험한 직원은 조직 전반의 이해도가 높아져 리더 역할을 맡을 때 더 유능하게 업무를 수행할 가능성이 높아진다.

8.
성과와 보상의 조화, 인센티브

제약회사 영업부의 경우 타 부서에 비해 다양한 인센티브 정책이 있다.

회사마다 금액과 지급 시기의 차이가 있지만 대부분의 제약회사 영업부는 다양한 인센티브 정책을 운영 중이다. 인센티브에 관해 알아보자.

첫 번째, 제품별 인센티브가 있다. 회사에서 주력으로 하는 제품들의 목표금액을 초과 달성하면 제품별로 영업사원의 순위를 매겨 차등 지급한다.

두 번째, 상반기 전체 목표 달성 시, 성장률을 평가해 인센티브를 지급한다.

세 번째, 하반기 전체 목표 달성 시, 성장률을 평가해 인센티브를 지급한다.

네 번째, 연 매출 목표 달성 시, 성장률을 평가해 인센티브를 지급한다.

나와 친한 대구지점의 선배는 상반기 인센티브 금액만 2,000만 원 가까이 받은 적이 있고, 상하반기 전체 인센티브 금액은 3,000만 원을 넘었던 것으로 기억한다. 인센티브로만 웬만한 중소기업 직원의 연봉을 받은 셈이다.

내가 우리 회사에서 가장 기억에 남는 인센티브 정책은 2016년, 전 직원 베트남의 다낭 인센티브 여행과, 2018년, 전 직원 하와이 인센티브 여행이다. 생산본부의 구내식당 아주머니와 사장님 운전기사분까지 함께 한 여행이었다.

이렇듯 제약회사 영업부서는 영업사원에게 충분한 동기부여를 해주며, 이에 상응하는 보상을 해준다.

9.
영업을 지원하는 일일 활동비

회사마다 조금씩 차이가 있지만, 제약회사 MR은 일비(일일 활동비)를 받는다. 적게는 2만원, 많은 곳은 9만 원 정도의 수준이다.

일비는 주유비, 주차비, 톨게이트비, 식비, 품위유지비 등이 포함되는데, 주유비와 주차비, 톨게이트 비용은 실비로 처리하는 회사들이 있다. 이런 경우에는 일비가 적어지게 되는 것이다.

일비는 회사에서 영업활동을 장려하는 의미로 지급되는 돈이다. 그러므로 일비를 잘 활용하면 영업을 보다 효과적으로 할 수 있다. 일비를 아껴서 자신의 부수입으로 만들기보다는 일비를 영업에 적극 활용하길 바란다. 주차비 아끼려고 병원 인근 골목길에 주차를 해놓고 의료진을 만나러 가면, 일하는 내내 차가 신경 쓰여 제대로 일이 되질 않는다.

일비를 조금씩 아껴서 모으는 것보다, 일비를 영업에 투자하여 좋은 실적을 달성하게 되면, 더 많은 인센티브와 평가로 이어지게 되고, 연봉인상률도 높아지게 된다.

작은 것을 탐하다가 큰 것을 잃지 말자.

10.
지속 가능한 성장을 위한
의료법과 규정

제약회사는 의료법과 규정을 엄격히 준수해야 하는데, 이는 환자의 안전과 신뢰를 확보하고 법적 문제를 예방하기 위해 필수적이다. 규정 준수는 윤리적 영업활동을 보장하고, 불법 리베이트나 부적절한 판촉 활동을 방지함으로써 회사의 신뢰성을 높이게 된다.

의료법 위반 시 제약회사와 의료진 모두에게 법적 책임이 부과될 수 있어, 이를 방지하기 위한 법적 이해가 중요하다. 주요 의료법과 관련 규정에 관해 알아보자.

1) 의료법

국민 건강 보호 및 증진을 위해 의료행위와 의료인의 활동을 규제하는 법이다. 의료인에게 경제적 이익을 제공하는 금품 제공 행위를 제한하여, 불법 리베이트를 금지한다. 제약회사는 법에서 금지한 판촉 활동을 피하고, 적법한 영업 활동만을 수행해야 한다.

2) 약사법

국민의 건강 보호를 위해 의약품의 제조, 유통, 판매, 품질 관리에 대해 규정하는 법이다.

의약품의 품질과 안전성을 보장하며, 허가되지 않은 의약품 판매와 무허가 광고 등을 금지한다. 제약회사는 광고 시 허위 과장 광고를 피하고, 반드시 승인된 적응증만 홍보해야 한다.

3) 건강보험법

국민건강보험 제도를 통해 보건의료서비스의 질을 높이고, 건강보험 재정을 관리하는 법이다. 제약회사는 건강보험 급여에 포함된 의약품의 경우 보험 기준에 맞는 처방을 홍보해야 한다. 병원에 부적절한 혜택을 제공하여 특정 의약품을 사용하도록 유도하는 행위를 금지한다.

4) 공정거래법

시장의 공정한 경쟁을 유지하고 소비자의 권익을 보호하기 위해 경제 행위를 규제하는 법이다. 독점적 지위 남용, 담합, 경쟁 제한 행위 등을 금지하고 있다.

5) 개인정보 보호법

개인의 사생활 보호와 정보 보호를 목적으로 개인정보의 수집, 처리, 관리 방식을 규제하는 법이다. 의사나 환자의 개인정보를 수집하거나 사용하는 경우 적법한 절차를 따라야 하며, 개인정보 보호 조치를 철저히 준수해야 한다. 연구나 마케팅 활동에서 개인정보가 포함된 데이터 사용 시 해당 정보를 보호할 의무가 있다.

6) 리베이트 쌍벌제

제약회사와 의료인 간에 금전적 대가를 수수하는 리베이트 관행을 금지하여, 의료의 공정성을 확보한다. 제약회사는 의료인에게 경제적 이익을 제공함으로써 특정 제품을 처방하게 하는 행위를 금지해야 하며, 불법 리베이트를 제공할 경우 제약회사뿐만 아니라 리베이트를 받은 의료인도 처벌을 받게 된다.

리베이트 금액이 일정 수준 이상일 경우 벌금형에 처해진다.

심각한 리베이트 행위일 경우 징역형이 부과될 수 있으며, 수수 금액과 리베이트가 반복적으로 이루어졌는지에 따라 처벌 수위가 올라간다.

리베이트를 받은 의료인은 금액과 위반 횟수에 따라 자격정지 또는 면허취소 처분을 받을 수 있고, 리베이트를 제공한 제약회사 또한 과징금 부과와 함께 의약품 판매 허가 정지 등의 제재를 받을 수 있다.

리베이트가 적발된 약품에 대해서는 건강보험 급여가 제한되거나 삭감될 수 있다.

즉, 보험 적용에서 제외되어 환자가 그 약품을 사용할 경우 더 높은 비용을 부담하게 되며, 이는 시장에서 약품의 경쟁력을 떨어뜨릴 수 있다.

리베이트 쌍벌제에서 허용되는 행위는 법령으로 정한 일정한 기준을 준수하는 경우에만 가능하다.

허용 행위는 의료인과 제약회사 간의 합법적인 정보 교류와 교육 목적을 위한 활동 등을 지원하기 위한 것이다. 허용 가능한 행위에 관해 알아보자.

1 학회 및 교육 지원

의료인이 학회에 참가하는 경우, 참가비, 교통비, 숙박비 등을 일정 한도 내에서 지원할 수 있다. 학회 주제가 의료 관련 학술적 내용이어야 하고, 지원 목적이 순수 학술적이어야 한다. 환자의 질병 연구와 치료 개발을 위한 임상시험 및 연구 활동에 대해 지원하는 것도 허용된다. 연구 목적이 명확하고, 정당한 절차에 따라 지원이 이루어져야 한다.

2 제품 설명회 지원

신제품 출시나 기존 제품에 대한 정보 제공을 목적으로 하는 설명회에서 간단한 다과나 식사 제공은 허용된다. 이 경우 제공되는 식사나 다과의 가격이 과도하지 않아야 하며, 교육적 목적으로 이루어져야 한다. 제품의 올바른 사용 방법과 관련된 전문가 초청 강연도 허용된다. 이 또한 의약

정보 제공을 목적으로 해야 하며, 행사 전후로 과도한 접대나 금품 제공은 금지된다.

3 의약품 샘플 제공

의료진이 약물 효과를 직접 확인하거나, 환자에게 설명할 목적으로 소량의 샘플을 제공하는 것은 허용되며, 시험적 용도에 한정하며, 일정량을 초과하지 않아야 한다.

4 시판 후 조사

식약청 승인 받은 시판 후 조사 시 증례 당 5만 원 이하 지급 가능하다.

7) 김영란법

김영란법의 정식 명칭은 '부정 청탁 및 금품 등 수수의 금지에 관한 법'이다.

공직 사회의 투명성을 높이고, 부정한 금품 수수와 청탁을 방지하기 위해 제정되었다. 이 법은 2016년 9월부터 시행되었으며, 대한민국 최초의 청탁 금지법이며, 공직자뿐만 아니라 공공기관의 직원, 사립학교 교직원, 언론인 등 다양한 직종의 사람들이 해당된다.

김영란법은 특정 직무 수행에 대해 청탁을 받거나 영향을 미칠 가능성이 있는 요청을 금지한다. 공무원에게 특정 계약을 체결하도록 압박을 넣거나, 학업 성적을 조작하도록 요청하는 것은 부정 청탁에 해당한다.

공직자는 이러한 부정 청탁을 받았을 때 거부할 의무가 있으며, 이를 알리지 않거나 수락할 경우 처벌 대상이 된다.

김영란법은 공직자 등이 금품이나 향응을 받는 것을 엄격히 제한한다. 업무와 관련된 사람으로부터 식사를 제공받거나 금품을 수수하는 것이 제한된다. 그러나 특정 예외는 존재한다.

식사는 한 번에 3만 원, 선물은 5만 원(농축수산물의 경우 10만 원), 경조사비는 10만 원까지 허용되며, 사회 통념에 비춰볼 때 허용 가능한 수준이다.

강연, 자문 위원에게 지급하는 자문료는 1시간 기준 50만 원이 최대 금액이다.

김영란법은 단순히 개인의 청렴 유지뿐만 아니라, 사회 전반의 투명성과 공정성을 높이기 위한 것이다. 이 법은 작은 선물도, 작은 청탁도 사회적 부패로 이어질 수 있다는 경각심을 불러일으키고, 법적 기준을 통해 청렴의 기준을 명확히 설정하는 역할을 하고 있다.

8) 선샤인 액트

제약회사는 의사나 의료기관에 제공한 모든 금전적 혜택에 관해 지출보고서를 작성하고, 근거자료를 5년간 보관해야 한다. 여기에는 강연료, 자문비, 연구 지원금, 식사비 등이 포함된다. 금전적 보상 외에도 연구 자금, 교육 프로그램 지원 등 의료인이 받은 이익이 있는 모든 항목을 기록하여야 한다.

선샤인 액트는 의사가 환자를 진료할 때 금전적 동기가 개입되는 것을 막고, 환자가 처방받은 약품에 대해 더 높은 신뢰를 갖게 하려는 취지로 만들어졌다.

PART 4.

실전 영업,
이기는 영업

1.
MR의 태도,
존중과 자신감 사이

1) 의사 앞이라고 기죽을 필요 없다

의사 앞이라고 너무 굽신거리지 말자. 너무 저자세로 나가면 의사도 부담스러워한다. 겸손하면서도 당당한 모습을 보여야 한다. 의사도 제약회사의 도움이 필요하다. MR은 곧 회사의 얼굴이라는 점을 기억하고 의사를 대하자.

제약 영업은 단순한 판매가 아니라, 의학 정보 전달이 핵심이다. MR이 전문성을 가진 사람으로 보이려면 제품에 대해 자신 있게 이야기해야 한다. MR이 전문성을 갖추고 있다는 인식을 주면, 의사는 담당 MR의 이야기에 조금 더 귀를 기울이게 되고, 제품에 대해 긍정적인 인식을 가지게 된다.

2) 너무 낮게 날면 오히려 더 위험하다

자신을 지나치게 낮추면, 상대방이 무의식적으로 그 사람을 가벼이 여기거나 무시하는 태도를 보일 수 있다. 사람들이 자신을 존중해 주기를 바라면서도, 정작 자신이 스스로를 낮춘다면 상대도 이를 인정할 이유가 사라지게 된다. 상대방은 더 무리한 요구를 할 수 있게 되고, 상대적으로 힘의 균형이 무너진 관계가 될 수 있다.

자신을 과도하게 낮추는 사람들은 일반적으로 자신의 희생을 감수하고 상대에게 맞추는 경우가 많은데, 이는 당장의 갈등을 피하는 방법일 수 있지만, 시간이 지나면 본인 스스로가 누적된 피로감과 희생에 지쳐 결국 관계에 회의감을 느끼게 될 수 있다.

진정한 관계는 상호 존중과 평등한 입장을 바탕으로 해야 한다. 제약산업의 구조상 의사와 MR이 동등한 입장이 되긴 힘들긴 하다. 그러나 MR이 스스로를 지나치게 낮추면 관계가 깊어지기보다는 얕고 불안정하게 형성될 수 있다.

3) 일하기 싫을 때

MR은 다른 부서에 비해 시간적, 공간적으로 자유로운 편이다. 자신이 고객을 만나도 되고, 안 만나도 상관없다. 실적만 잘 나온다면 말이다.

하지만, 오늘 쉬고, 내일 쉬고, 또 그다음 날 쉬는 건 안 된다.

정말 피곤하거나 컨디션이 좋지 않은 날이라도 담당 지역을 벗어나지는 말자. 고객이 갑자기 찾을 수 있는 경우가 발생할 때 즉각적인 대응이 어려워진다. 간혹 거래처와 집이 가까운 MR은 집에 가서 식사를 하는 경우가 있는데, 그러면 다시 거래처에 가기 싫어진다. 배부르면 눕고 싶고, 누우면 자고 싶어진다.

피곤하고 졸리면, 본인 차에서 잠시 쉬던지, 아니면 병원 안에 있는 카페에서 자신이 좋아하는 음료를 마시며 기분 전환하는 것을 추천한다.

2.
시간을 설계하는 사람

1) MR의 시간도 중요하다

의사는 정신없이 바쁘기 때문에 그들의 시간을 적절히 잘 사용해야 한다. 하지만 MR도 바쁘다. 하루에 한 명의 의사만 만나는 것이 아니고 다양한 진료과의 의사들을 만나야 하고, 약제과도 방문해야 하고, 회사 교육을 들어야 하는 경우도 있다. 그러므로 MR은 시간 분배를 잘해야 한다.

혹시 파레토의 법칙(Pareto principle)이라고 들어본 적이 있는가?

파레토의 법칙이란 이탈리아 경제학자 빌프레도 파레토에 의해 제시된 개념으로, 흔히 80/20 법칙으로 알려져 있다. 파레토는 자신의 정원에서 키우던 콩의 콩깍지 중 잘 여문 소수의 콩깍지가 전체 콩알 총량의 대부분을 차지 한다는 사실을 발견하였다. 이것을 경제학에 접목하여 이탈리아 20% 인구가 80%의 땅을 소유하는 현상에 대해 논문으로 발표했다. 이 법칙은 다양한 분야에서 적용되는 일반적인 현상으로, 특정한 소수의 원인이 대부분의 결과를 만든다는 것을 의미한다.

이것은 제약 영업에서도 흔히 나타나는 현상이다. MR 영업 목표금액의 대부분이 소수의 의사들에 의해서 발생된다. 자사 제품을 10만 원 사용하는 의사에게 20만 원의 매출을 이끌어 내는 것보다, 100만 원의 매출을 일으키는 의사에게 200만 원 매출을 이끌어 내는 것이 더 쉽다. 그러므로 매출의 규모에 따라 방문 횟수를 잘 조절해야 목표 실적에 도달하는 것이 수월하다. 파레토의 법칙을 참고하면 보다 효율적인 영업활동을 할 수 있을 것이다.

하지만, 입사 후 몇 달 동안은 가능한 많은 의사를 만나는 것을 추천한다. 신입사원 때 많은 실패와 시행착오를 경험하는 것은 당연한 일이다. 그건 회사에서도 충분히 감안하고 영업 현장(필드)으로 보낸다. 경험을 통해 배운 후에 요령을 적용해야지 처음부터 요령으로 다가가서는 안 된다.

2) 고객 방문일정은 일요일 저녁에

고객 방문일정은 일요일 저녁에 짜놓기를 추천한다.

일요일 저녁에 다음 주 일정을 요일별로 나누어 두면 업무 진행이 수월해진다. 너무 타이트하게 스케줄을 계획하지 말고 조금은 여유롭게 잡는 것이 좋다. 그리고 반드시 만나야 하는 고객은 자신이 알아보기 편하게 표시를 해두면 일의 우선순위를 판단할 때 도움이 된다.

이를 통해 중복 방문이나 불필요한 이동 시간을 줄일 수 있으며, 보다 효율적인 시간 관리가 가능하게 된다.

3) 영업 목표는 외우고 있자

MR이 자신의 목표금액을 알아야 하는 것은 기본 중 기본이다. 간혹 자신의 월 목표금액이 얼마인지 모르는 MR이 있는데, 이런 MR은 일 못하는 MR이 분명하다. 일 잘하는 MR은 본인의 월 목표, 분기 목표, 반기 목표, 연 목표뿐만 아니라 지점의 목표금액까지 알고 있다.

목표를 명확히 기억하면, 매일 혹은 매주 자신의 성과를 점검하며 실시간으로 목표 달성 상황을 확인할 수 있다. 이를 통해 부족한 부분은 보완하고, 잘하고 있는 부분은 강화하여 더욱 효율적인 영업 활동을 할 수 있게 된다. 또한 목표 달성에 가까워지는 상황을 실감하면 자연스럽게 동기부여가 되어, 보다 적극적으로 업무에 임할 수 있다.

3.
기본이 실력을 증명한다

1) 영업의 시작은 인사이다

병원에서 만나는 모든 병원 관계자에게는 살포시 미소로 인사하자. 그들이 어떤 나비효과를 일으킬지 모른다. 특히 간호사와는 좋은 관계를 형성하는 것이 MR에게 큰 도움이 된다.

병원에서 가장 우선시 되는 사람은 환자이다. 그렇기에 일반적으로 MR은 환자 진료가 모두 끝난 후에 의사를 만나게 되는데, 간혹 환자가 자리를 비우거나, 예약 시간에 내원하지 않았을 경우, 환자 대기실이 비어 있을 경우가 있다. 평소에 간호사와 좋은 관계를 유지하고 있다면, 간호사가 의사에게 제약회사 MR이 대기실에서 기다리고 있다고 전해주는 경우가 있다. 그렇게 되면 MR은 콜 수를 늘릴 수 있게 되는 것이다. 인사는 단순한 예의 차원을 넘어, 관계 형성에 핵심적인 역할을 하게 된다. MR은 진정성 있고 성의 있는 인사를 통해 고객의 마음을 열어야 한다. 인사는 말 그 자체보다 비언어적인 요소인 미소, 눈맞춤, 몸짓 등도 중요하다. 밝고 긍정적인 미소는 고객에게 호감을 주고, 친근감을 형성하는 데 중요한 역할을 한다.

2) 손끝을 청결히

제품 디테일 시, 의사는 MR의 얼굴을 보는 것이 아니라, 설명의 포인트를 가리키는 손끝을 보게 되어있다. 자료를 넘기거나 설명하는 과정에서 손이 많이 노출되기 때문에, 손끝이 지저분한 MR은 불쾌감을 준다. 청결한 손은 의사가 설명에 더욱 집중할 수 있게 돕는 시각적 일관성을 제공하며, 시각적인 요소가 영향을 미쳐, 제품정보에 관한 의사의 집중력을 높일 수 있다.

3) 일 잘하는 MR을 따라 하자

영업 현장에 있다 보면, 의사들에게 인정받는 MR들이 보인다. 그들을 시기 질투하기보단 배우려는 자세를 가지자. 벤치마킹을 통해 성공 사례를 학습함으로써 유사한 문제를 해결하는 데 필요한 시간과 자원을 줄일 수 있다. 해결하기 어려운 문제를 참고하여 개선 방안을 수립하다 보면 머지않아 벤치마킹 한 그 MR을 뛰어넘을 수 있을 것이다.

벤치마킹은 자신의 성과 향상과 경쟁력 강화를 위한 강력한 도구이다.

4.
디테일이 만드는 영업의 품격

1) 1분 제품 디테일 준비하기

MR의 고객인 의사나 약사에게 제품을 설명하는 것을 현장에서는 디테일이라고 표현한다. 의사들은 바쁘다. 환자 진료, 수술, 연구 등으로 인해 시간이 매우 제한적이다. 그 제한적인 시간을 다른 제약회사 MR 들과 나누어 쓰는 것이다. 시간적으로 여유가 되는 경우에는 차분히 대화를 이어갈 수 있지만, 그렇지 않은 경우를 항상 대비해야 한다. 이럴 때 필요한 것이 1분짜리 짧은 디테일이다. 짧은 시간 안에 핵심 정보를 전달해야 하며, 너무 길거나 복잡한 설명은 의사에게 부담을 줄 수 있다. 1분 디테일은 짧은 시간 안에 효과적으로 제품의 주요 정보를 전달할 수 있는 방법이다.

2) 디테일에 향기를 담아라

진료실에서 의사에게 디테일을 할 때의 거리는 1m 내외이다. 그렇기에 MR의 향기가 고스란히 의사에게 전해진다. 디테일에 좋은 향기를 담아 전달하자. 식사 후에는 반드시 양치를 하고, 향이 너무 진하지 않은 향수를 뿌려 좋은 향기를 남기는 MR로 기억되게 하는 것도 하나의 전략이 될 수 있다. 이 책 앞부분에서 언급했던 면접에 관한 내용을 기억했다가 필드에서도 유용하게 사용하면 도움이 될 것이다.

3) 작은 메모가 만드는 큰 차이

MR은 다양한 거래처와 수십 명의 고객을 관리해야 한다. 시간이 지나면 고객에게 무슨 말을 했는지, 어떤 판촉물을 활용하였는지, 어떤 질문을 받았는지 기억이 잘 나지 않을 때를 대비하여 메모하는 습관을 들여야 한다.

모든 정보를 머리로만 기억하는 것은 불가능하며, 시간이 지나면 중요한 세부 사항을 잊어버릴 수 있다. 메모장에 고객이 말한 세부적인 요구나 피드백, 대화 내용을 꼼꼼히 기록해 두면, 다음 방문에서 지난번 요구에 관한 피드백을 시작으로 자연스럽게 이야기를 이어 나갈 수 있게 된다. 고객과의 대화 중 메모를 하는 것은 그만큼 상대방의 말을 중요하게 여기고 있다는 신호를 전달한다. 이전 만남에서 언급한 사항을 다시 꺼내어 이야기하면, 고객은 자신의 요구가 확실히 반영되고 있음을 느끼며 MR을 더욱 신뢰하게 될 것이다.

5.
감동으로 연결하라

1) 감성 영업을 넘어 감동 영업으로

MR들은 각자의 영업 방식으로 자사 제품을 홍보한다. 모두가 열심히 하기 때문에 웬만큼 잘해서는 의사의 눈에 들기 쉽지 않다. 감동을 줄 수 있는 영업이 필요하다.

우리 회사 제품 중, 급성기 뇌혈전증에 처방할 수 있는 약물이 있다. 임상 효과도 입증되었고, 안전성 또한 확보된 약물인데도 불구하고 처방하는 병원은 드물었다. 가장 큰 이유는 상급종합병원에서 사용하고 있지 않은 약물이라는 이유에서였다. 당시 우리 회사는 알프로스타딜 성분의 혈관확장제를 주력으로 영업을 하고 있었는데, 회사 매출을 늘리기 위해 급성기 뇌혈전증에 사용할 수 있는 약품의 처방을 늘려야 하는 상황이었다. 나는 지방의 한 병원의 신경외과 의사를 찾아가 그 제품을 여러 번 디테일하였지만 처방으로 이어지진 않았다.

그러던 중 그 의사와 점심식사를 함께 하게 되었는데 그분의 가족들은 광주에 살고 있었고 본인 혼자 타지로 와 병원에서 마련해준 아파트에서 혼자 생활하고 있다는 사실을 알게 되었다. 그때 번뜩이는 아이디어가 떠올랐다. 혼자 자취생활을 하고 있으니, 라면을 자주 끓여 먹을 것이고, 그러면 김치가 필수라는 생각이 들었다. 그래서 난 어머니가 담근 김치를 먹기 편하게 잘라, 용기에 담아서 다음 방문 때 가지고 갔다. 그분은 그 자리에서 바로 긴급 DC로 우리 제품 코드를 잡아 주었고, 처방으로 이어졌다. 그리고 내가 가져간 김치 용기에 초콜릿과 젤리를 가득 담아 나에게 주었다.

이런 방식으로 나는 그 제품을 내가 담당하는 모든 병원에 랜딩시켰다.

또 하나의 감동 영업을 소개하자면, 나는 그 당시 부산, 울산, 제주도를 담당하고 있었는데, 부산과 울산 거래처에 집중하느라, 제주도는 자주 방문할 수 없었다. 제주도를 자주 방문할 수 없었던 가장 큰 이유는 교통상의 문제였다.

그러던 어느 날, 제주도에서 알게 된 다른 제약회사 직원이 다가올 DC에서 우리 회사 제품이 코드 아웃될 가능성이 높다는 정보를 주었다. 나는 바로 비행기를 타고 제주도로 넘어가 약제부장과 면담을 실시하였고, 약제부장을 통해 그 제품을 가장 많이 사용 중인 의사가 신약신청서를 받아 갔다는 이야기를 들을 수 있었다. 그 의사는 수년 동안 꾸준히 우리 회사 제품을 처방해 왔고, 나름 친분을 유지해 왔기에 안심하고 있었는데, 날벼락 같은 소식이었다.

마음을 진정시킨 후 그 의사를 찾아갔다. 우리 회사 제품을 코드 아웃시키고 경쟁사의 제품을 코드 인하려는 이유는 2가지였다.

첫 번째 이유는 가격이었고, 두 번째 이유는 경쟁사 담당자는 몇 년간 본인을 지속적으로 방문해 왔고, 몇 달 전부터는 매일 찾아와 자신의 제품을 디테일해왔다고 했다.

내가 그 의사라도 우리 회사 제품보다는 경쟁사의 제품을 선택할 것 같았다. 한 달에 한두 번 방문하는 MR과 매일 방문하는 MR, 그리고 가격까지 저렴한데 제품을 바꾸지 않을 이유가 없다. 오히려 지금까지 우리 회사 제품을 처방해 준 것에 고마운 마음이 들었다.

하지만, 나는 어떻게든 코드 아웃을 막아야 했다. 그 병원이 무너지면 그 제품의 목표실적을 채울 수 없었다. 부산으로 돌아와 우리 회사 제품을 막을 아이디어를 짜내었다. 그러다 좋은 아이디어가 떠올랐다.

몇 년 전, 부산에서 열린 심혈관학회에 그 의사가 참석했을 때, 부산에서 가장 유명한 햄버거 가게에 그를 데리고 갔었는데, 그는 지금까지 먹어본 햄버거 중 이 가게가 일등이라고 했던 이야기가 생각났다. 나는 대한항공 고객센터에 전화하여, 햄버거를 가지고 기내에 탑승할 수 있냐고 물었더니, 다른 고객에게 불편을 줄 수 있으니, 냄새가 밖으로 새어 나가지 않게끔 하면 가능하다는 답변을 들었다.

시장에서 스티로폼 박스와 에어캡을 구입한 후, 햄버거가 흐트러지지 않게 하나하나 에어캡으로 둘러싸고, 사이사이 신문지를 넣어 완전히 밀착시킨 후 스티로폼 박스에서 햄버거 냄새가 새어 나가지 않게 테이핑하였다.

그것을 들고 다시 제주도에 있는 병원을 찾아가 그 의사에게 내가 정성스럽게 준비한 선물을 전달하였다. 결과는 대성공이었다. 그는 본인이 이 병원에 근무하는 동안은 우리 제품을 계속 쓰겠다는 약속까지 하였다.

2) 내면과 외면이 조화를 이룰 때 더욱 빛이 난다

사람 내면의 중요성은 말할 것도 없고, 영업에서는 외면 또한 중요하다.

외모가 주는 첫인상은 강력하고, 사람들은 종종 외모에 따라 타인을 판단하거나 평가하는 경향이 있다. 그러나 외적인 아름다움만으로는 그 사람의 진정한 매력을 온전히 보여주지 못한다. 진짜 빛나는 사람은 내면과 외면이 조화를 이룰 때 더욱 돋보이게 된다. 단순히 외적인 아름다움뿐 아니라 그 사람의 가치관, 성격, 사고방식이 조화를 이루어야 한다.

내면의 아름다움은 사람의 생각과 마음가짐에서 비롯된다. 배려, 존중, 긍정적인 태도와 같은 요소들로 구성되며, 이러한 가치관이 외적으로 표현될 때 그 사람은 자연스럽게 매력적인 사람으로 비춰진다. 외적으로 화려한 사람일지라도 내면에 배려나 따뜻함이 없다면, 그 매력은 일시적이고 깊이가 없다고 느껴질 수 있다.

내면의 아름다움은 외면을 더욱 빛나게 할 뿐만 아니라, 외면 역시 내면을 표현하는 도구가 될 수 있다. 깔끔하고 단정한 외모는 타인에 대한 배려를 나타내며, 자신에 대한 자신감과 존중을 나타내기도 한다. 외면을 가꾸는 일은 단순히 외적 아름다움을 추구하는 것이 아니라, 자신을 사랑하고 소중히 여긴다는 메시지를 전달할 수 있다.

3) 칭찬에도 전략이 필요하다

칭찬은 상대방의 특별한 성과나 장점을 진심으로 인정할 때 긍정적인 효과를 발휘한다. 무턱대고 칭찬하게 되면 그 칭찬은 의미를 잃고 칭찬의 의미가 퇴색되어 버린다.

맥락 없는 칭찬이 남발될 경우, 상대는 그 칭찬이 진심이 아니라는 느낌을 받게 되어, 자신의 말을 귀 기울여 듣지 않는다고 생각한다. 무의미한 칭찬은 오히려 상대방에게 불쾌감이나 불신을 유발할 수 있다.

상황에 맞는 칭찬을 하자.

6.
불필요한 대화는 신뢰를 깎는다

1) 정치 이야기는 금물이다

정치 이야기는 일상에서도 마찬가지이지만, 굉장히 예민한 주제이다.

정치적 견해는 개인의 삶과 경험, 신념에 깊이 뿌리박혀 있어 민감하고 고유한 성향을 지니고 있다. 개개인이 서로 다른 가치관을 가지고 있는 만큼, 정치적 대화는 쉽게 갈등을 일으킬 수 있으며, 서로의 정치적 입장이 다를 경우 반감을 살 수 있고 굉장히 부정적인 인식을 형성하게 된다.

MR이 의사와의 대화에서 특정한 정치적 입장을 드러낼 경우, 의사는 이를 개인적 의견으로 받아들이기보다는 MR의 성향 전체를 판단하는 기준으로 삼을 수 있다. 혹여 의사가 먼저 정치 이야기를 꺼내면 잘 모른다고 이야기하고, 듣기만 해라. 어떠한 경우에도 본인의 정치적 색깔을 나타내지 말자.

2) 뒷담화는 하지 말자

뒷담화를 하는 모습이 고객이나 동료에게 알려지면, MR의 신뢰도가 하락하게 될 것이다. 영업은 고객과의 신뢰를 바탕으로 제품을 추천하는 직업이기 때문에, MR이 다른 사람을 험담하는 모습을 보이면 고객은 그 사람이 자신에 대해서도 안 좋은 이야기를 할 수 있다고 생각하게 된다. 고객과의 신뢰 관계가 흔들리면, 이후 상담에서 제안하는 정보나 제품에 대한 신뢰도 또한 낮아지며, 영업성과에 부정적인 영향을 끼칠 수 있다.

뒷담화는 사내 평판에도 악영향을 미친다. 영업은 팀과의 협업이 중요한 직무인데, 동료나 상사에 대해 뒷담화를 하는 모습을 보이면, 팀 내에서도 신뢰를 잃게 되어 중요한 정보나 협조가 필요한 상황에서 도움을 받지 못할 수 있다. 이는 영업 목표 달성에 직접적인 영향을 줄 뿐 아니라, 사내에서의 성장 기회에도 부정적인 영향을 미칠 수 있다.

뒷담화는 좋지 않은 이미지를 남기게 된다. 고객은 영업사원의 성격이나 태도를 면밀히 관찰하는데, 뒷담화가 빈번한 영업사원은 비전문적으로 보이고, 성숙하지 못한 사람으로 여겨지기 쉽다. 고객은 이런 MR과의 관계에서 거리감을 느끼며, 다른 신뢰할 만한 MR에게 관심을 돌릴 가능성도 있다. 영업은 고객의 마음을 열고 긍정적인 인상을 주는 일이므로, 뒷담화는 하지 말자.

3) "수고하세요."라고 말하지 마라

"수고하세요."라는 말은 우리가 흔히 사용하는 말이며, 헤어질 때 자주 사용하는 표현이다. 하지만, 이 말을 싫어하는 의사들이 많다. 특히 상급종합병원의 교수님들은 이 말에 상당히 민감하게 반응한다. '수고'라는 말은 '일을 하느라 힘을 들이고 애쓴다'라는 의미를 가지고 있다. 그러므로 힘듦과 고생을 권하는 말로 받아들이는 교수님들이 있다.

하지만 "수고 많으셨습니다."라는 과거형은 괜찮은 것 같다. "고생 많으셨죠?"라는 따뜻한 진심이 느껴지기 때문이다.

의사와의 디테일을 마무리할 때, "감사합니다. 수고하십시오."라고 하지 말고 그냥 "감사합니다."라고 마무리 하는 편이 더 깔끔하다.

7.
판촉과 설명회 제대로 활용하기

1) 슬기로운 판촉물 활용법

제약회사에서는 제품을 홍보하기 위한 다양한 판촉물을 제작한다. 메모지, 볼펜, 핸드크림, 마우스, 건전지, 각티슈 등 종류가 다양하다. 의료진에게 주는 판촉물이기에 품질도 우수하다. CP(Compliance Program)에 어긋나지 않는 금액에 맞춰 회사에서는 가장 질 좋은 판촉물을 제작한다.

일반적으로 MR의 목표금액에 비례해서 판촉물의 양이 달라짐으로, MR은 한정된 판촉물을 어떤 식으로 활용해야 할지 고민해야 한다. 판촉물은 의사와 대화를 시작할 수 있는 좋은 매개체이다. 조금 독특한 판촉물의 경우는 판촉물 사용법을 설명하면서 자연스럽게 제품 디테일로 연결시킬 수 있다.

나는 판촉물을 병원별로 골고루 나누어 주는 방법보다는 특정 거래처에

몰아주는 방법을 주로 사용하였다. 앞에서 언급한 바 있는 파레토의 법칙을 판촉물에도 적용했다. 나의 매출에 큰 비중을 차지하고 있는 의사들에게 더 많은 판촉물을 전달했다. 그리고 신규 거래처를 처음 방문할 경우에도 많은 양의 판촉물을 들고 방문했다. 하루에 수십 명의 MR이 방문하다 보니 의사들은 누가 무슨 판촉물을 주고 갔는지 잘 기억을 못 한다. 신규 거래처 방문 시 임펙트를 줄 수 있는 양의 판촉물을 전달하게 되면 나의 얼굴과 우리 회사의 이름 정도는 기억할 것이다. 그러면 다음 방문 때 보다 수월하게 제품 디테일을 할 수 있다.

2) 제품 설명회를 적극 활용하자

개별적으로 한 사람씩 만나는 것보다, 여러 명을 동시에 모아서 제품 설명회를 진행하면 시간과 비용을 절약할 수 있다. MR은 동일한 시간에 여러 의사와 의료진에게 정보를 전달할 수 있기 때문에, 각각의 고객을 따로 만날 필요 없이 한 번에 많은 고객에게 제품정보를 전달할 수 있다. 바쁜 일정 속에서 시간을 내기 어려운 의사들에게 한 번에 정보를 전달할 기회를 제공함으로써 효율성을 극대화할 수 있다.

여러 의사가 한자리에 모이면 각자의 반응을 보며 서로의 의견을 참고할 수 있다. 이를 '사회적 증거 효과'라고 하는데, 설명회에 참석한 다른 의사들이 관심을 보이거나 긍정적인 반응을 보이는 경우 의사들은 더 쉽게 제품에 관심을 갖게 된다. 그룹 내에서 긍정적 피드백이 형성되면 개별 영업보다 더 강한 설득력을 가질 수 있고, 같은 제품에 대해 여러 전문가의 의견을 듣게 되면, 제품의 신뢰도가 높아지고 의사결정이 빠르게 이루어질 가능성이 커지게 된다.

설명회에 여러 명이 참석하면 자연스럽게 질문이 다양하게 나올 수 있으며, 참가자들 간의 활발한 토론이 이루어질 수 있다. MR은 이런 기회를 활용해 제품에 대한 심도 있는 설명을 할 수 있고, 다양한 질문을 미리 예상하여 답변을 준비함으로써 전문성을 보여줄 수 있는 기회이다. 참석자들의 질문을 통해 추가적인 정보를 얻고, 제품에 대한 이해도를 높일 수 있어, 개별 미팅보다 더 깊이 있는 정보 전달이 가능하다.

설명회에 참여한 의사들은 제품설명회 이후, 병원 내에서 해당 제품에 대해 긍정적인 의견을 나눌 가능성이 높다. 제품설명회에서 들은 내용과 정보를 공유하면서 다른 의료진에게도 제품에 대해 좋은 인식을 전달할 수 있으며, 이는 병원 전체로 긍정적인 평가를 확산시키는 계기가 될 수 있다. 한 병원에서 제품을 사용하는 의사 수가 늘어나면 자연스럽게 병원 내 다른 의료진도 제품에 관심을 가지게 되며, 이로 인해 제품 인지도가 높아지게 된다.

제품설명회를 통해 여러 명의 참석자 명단을 확보하고, 이들에게 추후 제품 정보나 연구 자료를 지속적으로 제공할 수도 있다. 제품설명회 후 각 참석자들에게 피드백을 받거나 궁금한 점을 추가로 설명할 기회를 마련하면, 고객과의 관계를 더욱 강화할 수 있다.

또한, 제품설명회는 제품에 대한 정보를 체계적으로 제공하고, MR이 전문성을 드러낼 수 있는 기회를 준다. 정식으로 준비된 발표 자료와 파워포인트를 활용한 시각적인 자료로 제품설명회를 구성하면, 제품에 대한 신뢰도와 전문성을 더 높일 수 있다. 참석자들은 제품의 강점을 시각적으로 확인하고, 자료를 통해 정보의 타당성을 느끼기 때문에 개별 미팅보다 설명회의 효과가 크며, 제품에 대한 긍정적인 인식을 형성하는 데도 유리해지게 된다.

3) 지역 심포지엄은 무조건 참석한다

의사들은 각종 심포지엄에 참석한다. 심포지엄을 통해 의사들은 서로의 의견과 최신 의학 정보를 얻을 수 있기 때문이다. 제약회사는 회사와 제품을 홍보하기 위해 심포지엄 장소에 부스를 설치하며, 부스마다 2~3명 정도의 담당자가 배치된다.

심포지엄에 참석하는 MR은 제품에 대한 열정과 회사의 목표에 대한 충성도를 보여줄 수 있다. 이는 의사에게 긍정적으로 작용할 수 있으며, 경쟁사 MR보다 더 열정적이고 헌신적인 이미지로 인식될 가능성이 높다. 심포지엄에서 의사들이 제품에 대해 느끼는 반응이나 피드백을 즉각적으로 확인하고 이후 영업 전략을 조정할 수 있으므로, MR은 보다 민첩하고 유연한 영업활동을 펼칠 수 있게 된다.

이는 영업 현장에서는 얻기 어려운 정보이며, 회사의 마케팅이나 전략부서에 생생한 피드백을 전달할 수 있다.

8.
고객의 마음을 여는 심리전

1) 음식이 주는 심리적 안정감

의사와 진료실에서의 면담은 시간이 부족해 유대감을 쌓는 데 한계가 있다. 그러므로 점심 식사나 저녁식사 자리를 만들어 충분한 대화를 가지는 것이 효과적이다. 의사와 식사를 하게 되면 MR은 법인카드를 사용할 수 있다. 맛있는 음식을 먹으면서 의사와 관계를 발전시킬 수 있으니, 일석이조의 방법이다. 음식은 사람에게 심리적 안정감을 주고, 방어 태세를 완화하는 작용을 한다. 음식을 함께 먹는 순간 사람들은 자연스럽게 긴장을 풀고 대화에 더 집중하게 되며, 서로에 대한 친근감을 느끼게 된다. 식사 중에는 일상적인 대화가 오가며 서로에 대해 알아가는 시간을 가질 수 있다.

식사를 함께하는 것은 인간관계에서 신뢰와 친밀감을 쌓는 매우 효과적인 방법이다. 의사와 MR이 식사라는 소소한 일상을 공유하게 되면, 의사는 MR을 단순한 거래 관계의 상대가 아닌 친근한 사람으로 인식하게 된다. 이러한 친밀한 관계는 고객의 구매 결정을 촉진시키는 요인으로 작용할 수 있다. 고객은 본능적으로 신뢰하는 사람의 이야기를 더 긍정적으로 받아들이며, 이는 제품에 대한 호감도와 구매 의향을 높이는 결과로 이어질 수 있다.

음식은 사람들에게 기쁨과 만족을 주는 요소이다. 맛있는 음식을 함께 먹으면 그 순간의 즐거움과 만족감이 상대방에게 긍정적인 감정으로 전이된다. 이는 고객이 영업사원과의 만남을 더 좋게 기억하게 하며, 제품에 대한 긍정적인 이미지도 형성하게 된다. 이러한 감정 전이는 고객이 제품을 더 긍정적으로 인식하게 하고, 나아가 구매 결정에 더 호의적인 영향을 미치게 된다. 식사를 마친 후에도 의사는 MR과의 만남을 좋은 기억으로 여기게 된다. 사람은 감정이 동반된 기억을 오래도록 유지하는 경향이 있어, 함께 식사한 영업사원에 대해 좋은 인상을 갖게 되고, 이를 바탕으로 제품에 대한 호감도 또한 더 커지게 된다. 제품 구매를 고려할 때, 이 긍정적인 기억이 구매를 유도하는 중요한 계기로 작용할 수 있다.

2) 추측성 발언은 고객을 불안하게 만든다

자사 제품에 관해 완벽하게 숙지하고 있고, 의료 관련 공부를 많이 한 MR도 고객의 궁금증에 완벽히 답하지 못하는 상황에 처할 때가 있다. 이때 흔히 하는 실수가 정확하지 않은 정보를 바탕으로 '아마도', '제 생각에는'등의 추측을 덧붙여 설명하려는 것이다. 이러한 추측성 발언은 자칫 고객에게 혼란을 느끼고, 신뢰를 해칠 위험을 높이게 된다. 이런 경우에는 본사에 문의 후에 다음 방문 때 확실한 답변을 드리겠다고 하면 위기도 넘기며, 다음 방문으로 자연스럽게 연결할 수 있다.

추측성 발언은 지양하도록 하자.

3) 가족의 데이터를 조사하자

의사와의 관계에서 가족에게 관심을 보이는 것 또한 좋은 영업 전략이다. 가족 구성원, 결혼기념일, 생일, 학교 등을 기억하고 적절히 언급하면, 의사는 자신이 업무 관계가 아닌 사람 대 사람의 관계로 존중받는다고 느낄 수 있다.

나는 거래처 교수님의 배우자가 로컬 병원 원장이라는 사실을 알게 되어, 우리 가족이 병원 가야 할 일이 생기면 무조건 그 병원으로 가서 진료를 받았다. 자연스럽게 원장님과 친해지게 되었고, 원장님은 자신의 배우자인 교수님에게 나에 관해 이야기하며, 그 교수님과의 관계는 더욱 깊어지게 되었고, 나의 실적에도 지대한 영향을 끼쳤다.

9.
성장에는 배움이 필요하다

1) 데이터 마이닝

의사들은 대부분의 시간을 병원에서 보내게 된다. 환자 진료, 회진, 수술, 강의 준비 등으로 시간이 부족하기에 의학적 정보 외에는 모르는 정보가 많다. 기업들의 합병이라던가, 어제 축구 A매치 경기 결과, 한강 작가의 노벨문학상 수상과 같은 정보는 모를 수가 있다.

데이터 마이닝(Data Mining)을 직역하면, 데이터 채굴이라는 뜻인데, 방대한 데이터 속에서 유용한 정보를 추출하는 것이라고 생각하면 된다. 이런 정보는 의사를 만났을 때 오프닝 멘트로 사용하면 아주 유효하다. 콜 오프닝 멘트라고 영업 현장에서 흔히 사용하는 말이다. 여기서 콜은 MR이 의사를 만나는 것을 뜻한다. 1콜이라고 하면 한 명의 의사를 만났다는 것이고, 10콜이라면 열 명의 의사를 만났다는 것을 뜻한다.

의사는 바쁜 시간을 쪼개서 MR을 만나는데, 그냥 인사만 하고 가는 것보다는 무엇인가 자신에게 유용한 정보를 제공하는 MR을 선호하는 것은 너무나 당연한 일이다. 매번 의사를 만날 때마다 의학 정보만 제공하는 것보다는 데이터 마이닝을 통해 오프닝을 열면 보다 자연스럽게 제품 디테일로 연결할 수 있다.

2) 항상 책을 들고 다니자

MR은 의사를 만날 수 있는 시간이 따로 정해져 있지 않기에 환자 대기실에서 기다리는 경우가 많다. 이 시간을 잘 활용해야 한다. 대기할 때는 스마트 폰으로 게임이나 카톡을 하기보다는 책을 읽자. 책을 읽는 것은 그저 시간을 보내기 위한 행동이 아닌, 지적인 호기심과 자기 계발에 힘쓰고 있음을 보여준다.

의사는 MR을 통해 의약 정보를 전달받는 만큼, MR의 전문성에 대한 신뢰가 중요하다. 대기실에서 책을 읽는 모습은 영업만을 위한 사람이 아니라, 삶에 대해 더 깊은 이해와 전문성을 바탕으로 정보를 전달하려는 모습을 나타내며, 의사에게 긍정적인 인식을 심어준다. 의학, 심리, 인간관계나 커뮤니케이션 관련 책을 읽는다면 의사에게 자신의 분야에 대한 깊이 있는 지식을 쌓고 있는 MR이라는 인식을 주어 제품에 관한 신뢰도까지 높일 수 있다.

3) 세상의 모든 벽에는 문이 있다

일반적으로 MR의 실적 목표는 전년도의 영업 실적을 반영하여 책정된다. 작년실적이 좋았다면, 올해는 목표금액이 상승하기 때문에, 새로운 거래처를 발굴하거나, 기존 거래처에서 처방 증대를 이끌어내야 한다.

우리 회사의 주력 제품이었던 혈관확장제는 여러 적응증 중, 조혈모세포이식에도 처방할 수 있는 약물이다. 조혈모세포이식 시 처방을 할 수는 있지만, 보험 적용이 되지 않기에 비급여로 처방을 하게 되면 환자의 진료비 부담이 늘어나기 때문에 상급종합병원에서 처방을 하지 않는 의사가 여럿 있었다. 내가 담당하고 있는 병원의 의사 또한 같은 이유로 처방을 하지 않고 있었다. 그리고 조혈모세포이식 시 발생할 수 있는 간정맥 폐쇄 질환이 나타날 가능성이 낮다는 것도 하나의 이유였지만 가장 큰 이유는 보험적용이 되지 않아 환자 부담금이 증가한다는 것이었다. 상황이 이렇다 보니 우리 회사 약의 효능을 아무리 강조한다고 한들 풀릴 문제가 아니었다. 환자의 부담을 줄일 수 있는 방법을 찾아야만 했다.

어느 날 문득 이런 생각이 들었다.

'국민건강보험 적용이 안 된다면 개인보험에 답이 있을지도?'

내가 가입한 개인보험의 약관을 면밀히 살펴보았다. 지성이면 감천이라 했던가? 보험약관의 내용 중 조혈모세포 이식 시 보험금을 수령할 수 있다는 내용을 발견했다. 정말 뛸 듯이 기뻤다.

다음 방문 때 의사에게 보험약관을 보여주며, 환자가 개인보험에 가입되어 있다면 보험금을 수령할 수 있기에 환자의 부담금은 걱정 하지 않아도 된다고 설명을 하였다. 환자의 부담금이 늘어나는 것에 관한 문제를 풀어주었으니 우리 제품을 쓰지 않을 이유가 없어진 것이다. 그날 이후, 그 병원에서는 개인보험에 가입되어 있는 환자들에게는 우리 회사 제품을 처방하였고, 나는 회사 영업 회의 때 성공 사례를 발표하게 되었다.

10.
위기와 기회를 다루는 기술

1) 오프닝 멘트로 날씨 이야기를 하진 말자

일상적인 만남의 경우, 날씨 이야기는 무난하면서 친근한 주제이기 때문에 가벼운 주제로 사용하기 좋다. 하지만 MR의 고객인 의사는 바쁜 일정 속에서 환자를 진료하며 시간을 쪼개어 MR을 만나는데, 날씨 이야기를 길게 꺼낼 경우, 의사는 중요한 시간을 빼앗긴다는 느낌을 줄 수 있다.

날씨는 너무 흔히 쓰이는 주제이기 때문에, 누구에게나 형식적으로 하는 말처럼 들릴 수 있으며, 성의 없어 보일 수 있다.

2) 고객에게 무리한 부탁을 받았을 경우

영업활동을 하다 보면 고객들이 무리한 부탁을 하는 경우도 생기게 되는데, 이럴 때는 그 자리에서 바로 답변하지 말고, 회사 팀장과 상의를 한 후 다음 방문 때 답변을 드리겠다고 정중히 말하는 것이 효과적이다. 그 자리에서 회사 정책상의 이유로 안 된다고 말하면, 의사 입장에서는 기분이 상할 수 있다.

무리한 요구에 대한 대처에서 중요한 점은, 정중하면서도 유연하게 의사와 소통하는 것이다. 그렇게 하면, 무리한 요구를 수용하지 않더라도 의사와의 관계를 유지하고 신뢰를 쌓을 수 있을 것이다.

3) 술에 의지하는 영업은 해롭다

내가 담당하는 병원에 거의 매일 의사들과 술을 마시는 MR이 있었다. 그는 늘 피곤을 달고 살았다. 술을 이용한 영업이 단기적으로는 고객과의 친밀감을 높일 수 있으나, 술을 자주 마시는 영업 방식은 MR의 건강과 생활 리듬을 해칠 수 있다. 잦은 술자리로 인한 건강 악화는 곧 업무 집중력과 생산성의 저하로 이어져 장기적으로는 성과에 부정적 영향을 미치게 된다. 건강을 지키는 것이 MR의 커리어 유지에 필수적이라는 것을 기억하자.

4) 좋은 경쟁상대를 만들자

영업에서 좋은 경쟁상대는 개인뿐만 아니라 팀의 전체 성장에 기여할 수 있다.

팀 내 경쟁이 긍정적으로 작용할 경우, 각자의 영업 방식이나 성공 전략을 서로 공유하며 협력하게 되고, 전체적으로 팀의 영업 역량이 강화될 수 있다. 팀 내 선의의 경쟁 구도는 서로가 서로에게 배우는 기회가 되어 팀워크를 강화하고 성과를 높이는 기반이 된다.

경쟁이 없다면 현재 성과에 만족하고 자기 계발을 소홀히 할 수 있다. 하지만, 좋은 경쟁상대가 있으면, 끊임없이 자신을 계발하고 발전시키려는 노력을 하게 된다. MR 스스로가 전문성을 갖추고 꾸준히 공부하는 계기가 되어, 제약산업 변화에 민첩하게 대응하고 고객의 기대에 맞는 역량을 유지할 수 있다.

5) 경쟁사 MR이 바뀌면 기회다

경쟁사의 MR이 바뀌면 자사 제품의 판매를 늘릴 수 있는 좋은 기회이다. 특히 오랫동안 의사들과 신뢰를 쌓아온 MR이 교체된다면, 의사들은 새로운 MR에 대한 신뢰를 확인하는 데 시간이 필요하다. 의사는 회사의 브랜드 파워와 약의 효능만 보고 제품을 선택하지는 않는다. MR과의 친분을 무시할 수 없다. 이때, 보다 적극적인 영업을 펼쳐야 한다. 의사와의 관계를 강화하면 경쟁사의 영향력을 줄이고 자사 제품에 대한 선호도를 높일 기회가 된다.

6) 팀장을 잘 활용하자

대부분 제약회사 팀장(지점장)은 담당 거래처가 없는 경우가 많다. 팀장은 팀원들을 관리하며, MR 별 거래처를 분석한다. MR의 개별 실적도 중요하지만, 지점 전체 목표 달성도 신경 써야 한다. 무리한 고객 요구나 해결하기 어려운 문제에 직면했을 때는 무조건 팀장에게 조언을 구하라. 팀장은 풍부한 경험을 바탕으로 신속하고 적절한 의사결정을 지원하며, 문제 해결에 도움을 줄 수 있다.

또한, 팀장은 MR의 성과와 역량을 가장 가까이에서 평가할 수 있는 인물이다. 팀장과의 적극적인 협업을 통해 성과를 보여주고, 이를 통해 사내 평판을 높이면 진급에도 영향을 줄 수 있다. 팀장의 인정을 받는 것은 MR의 장기적인 커리어 성장에도 긍정적인 영향을 미친다.

7) 화이트 데이, 빼빼로 데이는 챙기지 마라

영업 현장에서 MR들이 화이트 데이나, 빼빼로 데이 때 초콜릿을 들고 고객을 찾아가는 것을 많이 보았다. 나는 이 방법이 크게 효과가 있다고 생각하지 않는다. 그런 날에 고객을 방문해 보면 진료실 한구석에 초콜릿과 빼빼로가 쌓여 있다. 내가 초콜릿을 챙겨 주어도 고객은 특별하게 느끼지 않고, 오히려 뻔한 영업으로 생각할 수 있다.

그런 뻔한 영업은 하지 말자. 기념일을 챙기려면 고객의 생일이나 결혼기념일을 기억해 두었다가 축하해 주는 것이 임팩트 있는 영업이다.

의사는 바빠서 자기 생일도 잊어버리고 지나가는 경우가 있는데, MR이 자신의 생일이나 결혼기념일을 기억하고 있다는 것은 MR이 단순히 영업을 위한 행동을 넘어 진심 어린 관심을 가지고 있다는 인식을 심어준다. 이러한 유대감은 장기적으로 신뢰감이 더욱 쌓이게 하며, 거래가 아닌 협력자로서 관계를 발전시키는 데 효과적이다.

8) 고객의 컨디션이 안 좋을 때

고객을 방문했는데 컨디션이 안 좋아 보이면 다음을 기약하자. 오늘만 날이 아니다.

컨디션이 좋지 않을 때, 사람은 피로감이 높아져 사람을 대하는 데 스트레스를 더 쉽게 느낄 수 있다. 고객을 기다린 시간이 아깝다는 생각에 디테일을 하다, 혹여 싫은 소리라도 듣게 되면 다음 방문이 힘들어질 수도 있다.

PART 5

사회 초년생
후배를 위한
따뜻한 조언

1.
큰 그림을 그리는 사람

1) 사장을 목표로 달려라

'사장이 되겠다.'라는 목표를 정하고, 그 목표를 실현하기 위한 구체적인 방법들을 항상 고민하자. '5년 내 과장, 10년 내 팀장'과 같이 단계별로 계획을 설정하자. 목표가 분명해야 동기 부여가 지속될 수 있다.

우리는 한정된 시간과 자원을 가지고 있기에 명확한 목표가 있을 때, 이를 달성하기 위해 우선순위를 정하고 효율적으로 자원을 분배할 수 있게 된다. 목표는 성과를 측정하고, 개선할 수 있는 기준이 되며, 명확한 목표가 있을 때, 현재 진행 상황을 점검하고 부족한 부분을 개선하여 성과를 높일 수 있다.

목표는 업무에 대한 의미와 방향성을 부여하여 보다 열정을 가지고 일할 수 있게 한다. 구체적인 수치나 기한이 있는 목표는 달성 욕구를 자극하여 집중도를 높이게 된다.

명확한 목표가 설정되면 이를 달성하기 위한 실행 방안을 마련할 수 있다. 전략적 계획은 목표를 실질적으로 달성하는 데 필수적인 요소이다.

자신의 부서 일만 잘 아는 것에 그치지 않고, 회사 전체의 운영 방식을 이해하려 노력하고, 다른 부서와 협업할 기회를 자주 만드는 것이 좋다.

현재 위치에서 사장의 시각으로 생각하고 행동하는 연습을 하며, 작은 결정 하나도 사장이라면 어떻게 할지 고민해 보며 시야를 넓혀가도록 하자.

사장을 목표로 회사를 다니면 아무리 못해도 임원까지는 올라갈 수 있다고 확신한다.

2) 익숙함을 벗어나야 성장한다

변화를 두려워하지 않는 자세는 개인의 성장과 조직의 발전에 필수적인 마인드이다. 세상은 끊임없이 변화하고 있고, 우리는 그 변화 속에서 새로운 기회를 발견하거나 더 나은 자신을 만들 수 있다. 그러나 변화는 종종 불안과 두려움을 동반하기에, 이를 대처하는 방법과 태도가 중요하다.

우리가 변화를 두려워하는 가장 큰 이유는 안정감에 대한 욕구 때문이다. 익숙한 환경이나 방식은 안전하고 편안하게 느껴지기 때문에 우리는 이 상태를 유지하려 한다. 그러나 현재에 안주하면 발전은 멈추게 되고, 상황에 적응하지 못하게 된다.

변화를 두려워하지 않기 위해선 변화가 주는 이점을 알아야 한다. 변화는 곧 새로운 배움과 성장의 기회이다. 변화를 받아들이면서 우리는 새로운 기술을 익히거나, 더욱 폭넓은 시야를 가지게 된다. 새로운 팀으로 배치되거나 다른 업무를 맡게 되었을 때, 처음에는 낯설지만 점차 자신의 역량을 확장시키는 계기가 된다. 현재의 방식이나 익숙함에 머무르지 않고 새로운 것을 시도할 때, 예상하지 못한 긍정적인 결과가 따라오기도 한다.

또한, 변화를 두려워하는 대신 준비하는 마음가짐이 필요하다. 변화는 갑작스럽게 찾아올 때도 있지만, 우리가 준비한다면 그 변화 속에서 더 큰 기회를 얻을 수 있다. 자기 계발을 통해 새로운 기술을 미리 익히거나, 유연한 사고를 유지한다면 변화에 쉽게 적응할 수 있다. 지속적인 학습과 성장을 통해 우리는 변화를 스스로 통제하고, 나아가 변화를 주도할 수도 있다. 이렇게 준비된 상태에서는 변화가 더 이상 두려운 것이 아닌, 도전이자 발전의 기회로 보일 것이다.

변화에 대한 열린 자세를 가지는 것도 중요하다. 새로운 것에 도전하면서 얻는 경험들은 우리의 가능성을 확장시키고, 삶에 활력을 더해준다. 새로운 취미를 시작하거나 다른 문화권의 사람들과 소통하는 것만으로도 우리의 시야와 사고방식은 크게 넓어질 수 있다. 변화를 수용하는 태도는 더 큰 유연함과 적응력을 가져다주며, 결과적으로 우리는 어떤 상황에서든 흔들리지 않고 문제를 해결할 수 있는 힘을 갖게 된다.

변화는 자기 자신을 깊이 이해하고 성장할 기회라는 점에서 가치가 있다. 변화는 스스로에 대해 돌아보게 하고, 우리가 가진 강점과 약점을 깨닫는 계기를 제공한다. 변화를 경험하면서 때로는 성공을, 때로는 실패를 맞이하게 되지만, 이 과정에서 얻게 되는 교훈은 우리의 삶을 더욱 단단하게 만들어 줄 것이다.

3) 성공의 길을 밝혀주는 롤모델

배울 점이 많고 존경할 만한 멘토를 빨리 찾아야 한다.

멘토는 회사 생활에서 겪을 수 있는 다양한 상황을 경험해 본 선배로, 커리어 개발의 방향을 잡아주는 역할을 한다. 혼자서는 목표를 세우거나 자신만의 경로를 개척하는 데 어려움을 느낄 수 있지만, 멘토가 있는 경우, 보다 구체적이고 실질적인 조언을 받아 빠르게 성장할 수 있다.

단순히 직무 지식뿐만 아니라 정서적인 지지를 멘토로부터 받음으로써 직장에서 어려운 문제나 곤란한 상황이 왔을 때, 멘토와의 대화를 통해 해결의 실마리를 찾거나 정서적 안정을 찾을 수 있다. 이는 직장 생활에서 마주하는 어려움을 극복하는 데 큰 도움이 된다.

회사 생활을 하다 보면 자신의 장기적인 목표가 희미해질 때가 생기게 된다.

멘토는 후배가 장기적 경력 목표를 세우고, 그 목표를 이루기 위한 방향성을 유지할 수 있도록 도움을 줄 것이다. 이미 그러한 과정을 겪어 본 선배로서 자신의 경험을 바탕으로 실질적인 조언을 해주고, 목표를 달성하기 위한 과정에서 겪을 수 있는 현실적인 조언을 제공하기도 한다.

2.
겸손함과 자기인식의 힘

1) 운을 실력으로 착각하지 말자

성공이나 성취를 이루는 과정에서 운이 기여한 부분과 자신의 실력이 기여한 부분을 냉철하게 구분해야 한다. 성공에 따라오는 행운은 때때로 실력처럼 보이지만, 이를 혼동하면 스스로의 한계를 정확히 인지하지 못하고 나아가 잘못된 판단을 내릴 수 있다. 운을 실력으로 착각하지 않기 위해서는 운이 어떻게 작용하는지를 이해하고, 이를 구분할 수 있는 자세가 필요하다. 다음의 4가지 사항을 기억하자.

첫째, 운의 역할을 명확히 인식해야 한다. 어떤 성공이든 그 과정에는 본인의 노력과 실력뿐만 아니라 외부 요인이 작용한다.

예를 들어, 어떤 회사에 입사했을 때, 자신의 능력뿐 아니라 회사의 상황,

업계 흐름, 지원자가 많지 않았던 행운 등이 함께 작용했을 수 있다. 이럴 때 자신의 실력만으로 성공했다고 생각하면 오만함에 빠질 위험이 있다. 겸손하게 운의 역할을 인식함으로써 자신을 되돌아보고, 운이 사라진 상황에서도 성공할 수 있는 역량을 키우는 것이 중요하다.

둘째, 성공에 대한 원인을 냉정히 분석해야 한다. 단기적인 성공이나 좋은 결과가 항상 실력의 반영이라고 단정할 수 없다.

성공 후에는 왜 그 결과가 나왔는지 정확히 분석하고, 외부 요인이나 우연한 운이 작용한 부분이 없었는지 따져보는 습관을 가져야 한다.

셋째, 운에 의존하지 않는 실력을 키우는 것이 중요하다. 실력과 운이 결합해 성공을 만들지만, 운은 통제할 수 없는 요소이다. 따라서 실력을 꾸준히 쌓아가고, 다양한 상황에서 일관되게 실력을 발휘할 수 있는 준비가 필요하다. 운이 작용하는 순간은 일시적이지만, 꾸준히 쌓은 실력은 언제든지 다시 기회를 잡게 하는 밑바탕이 된다.

마지막으로, 운에 대한 착각은 다른 사람과의 관계에도 영향을 미칠 수 있다. 운에 의존해 성공한 경험을 실력으로 오해하면 겸손함을 잃기 쉽다. 이는 사람과의 관계를 해치고, 기회를 잃는 원인이 된다. 운과 실력을 구분하는 사람은 늘 겸손하고 타인에게서도 배울 점을 찾을 수 있다.

2) 자신감과 자만의 경계

자만은 자신에 대한 과도한 믿음으로, 스스로를 과대평가하게 만들고, 타인의 조언을 무시하거나 발전을 멈추게 하는 원인이 되곤 한다. 자만심이 강해질수록 주변 사람들과의 관계에서 소통과 배려가 줄어들고, 본인의 성과에 집착하며 결국 독단적인 판단을 내리기 쉬워진다.

자신을 믿는 것은 중요한 덕목이지만, 과도한 자부심으로 인해 타인의 의견에 귀를 닫거나 개선의 여지를 무시하는 태도는 오히려 본인의 성장을 저해할 수 있다. 사람은 각자의 경험과 시각을 가지고 있으며, 다른 사람들이 가진 지혜와 조언은 우리가 스스로 알아차리지 못한 부분을 발견하게 해준다.

자만심을 버리면 실패와 어려움도 더 쉽게 받아들일 수 있다. 성공만을 바라보며 오만한 태도를 유지하기보다는 실패를 겸허히 받아들이고 스스로 개선할 점을 찾는 자세가 필요하다.

자만하지 않기 위해 중요한 자세는 '자기 성찰'과 '타인 존중'이다. 성찰은 스스로의 부족함을 인정하고, 타인의 조언을 통해 더 나은 방향으로 나아갈 수 있게 한다. 우리가 알지 못하는 수많은 지식과 경험이 세상에 존재하고 있음을 알면, 성장의 기회를 향해 열린 마음으로 나아갈 수 있다.

3) 겸손하지 않으면 벌어지는 일

1 인간관계의 악화

교만한 태도는 타인의 반감을 사며, 신뢰를 잃게 만들며, 주변 사람들과 불필요한 갈등이 생기고, 도움을 받을 기회가 줄어든다.

2 고립과 외로움

지나치게 자신을 드러내거나 타인을 깎아내리는 태도는 주변 사람을 멀어지게 하여 결국 중요한 순간에 의지할 사람이 없을 수 있다.

3 배움과 성장의 정체

자신의 부족함을 인정하지 않으면 새로운 것을 배우거나 개선할 기회를 놓치게 된다.

피드백을 무시하거나 잘못을 반복하며 발전이 어렵다.

4 실수와 실패의 가능성 증가

자신감이 지나쳐 자신을 과대평가하면 잘못된 결정을 내릴 수 있고, 준비 부족이나 경솔한 행동으로 실패를 경험할 가능성이 높아진다.

3.
시간관리가 인생관리다

1) 시간은 금이다, 제대로 써야 빛난다

우리가 하루에 사용할 수 있는 시간은 제한적이다.

그러므로 시간을 효과적으로 사용해야 한다.

철저한 시간 관리는 주어진 시간 내에 최대한 많은 업무를 효과적으로 수행할 수 있게 하며, 집중력과 생산성을 극대화하여 짧은 시간 안에 많은 성과를 낼 수 있다.

시간 관리가 잘 되어 있으면 일정에 따라 차근차근 업무를 진행할 수 있기 때문에 불필요한 스트레스를 줄일 수 있고, 급하게 처리하지 않아도 되므로 실수를 줄일 수 있다.

업무 시간이 길어지게 되면 개인적인 시간에 영향을 미쳐 일과 삶의 균형이 무너질 수 있는데, 효과적인 시간 관리를 통해 퇴근 후에도 개인 생활을 유지할 수 있게 된다.

2) 성실이 모여 성과를 만든다

성실함은 회사에서 신뢰를 형성하는 핵심 요소이다.

성실하게 일하는 직원은 동료나 상사, 고객들에게 신뢰를 쌓게 되며, 이러한 신뢰는 직장 생활의 안정과 협업을 도모하는 데 큰 힘이 된다.

성실함은 꾸준한 노력을 의미하며, 이는 지속적인 성과 창출로 이어진다. 회사에서 성과를 내기 위해서는 장기적인 노력과 성실함이 필수적이다. 성실한 직원은 단기적인 결과뿐 아니라, 꾸준한 성과를 통해 조직에 가치를 더하게 된다.

성실한 태도로 업무에 임하는 사람은 문제를 깊이 이해하고 해결하려는 책임감이 크다고 판단된다. 어려운 상황에서도 포기하지 않고 문제를 해결하는 자세를 가지고 있어, 결국 조직의 문제 해결 능력을 강화하는 데 기여하게 되며, 지속적이고 반복적으로 업무에 임하다 보면 자연스럽게 업무 숙련도가 높아지고, 해당 분야에서 전문성이 생기게 된다.

성실한 직원은 회사에서 동료와 상사로부터 존중을 받게 되며, 이는 개인의 평판에도 긍정적인 영향을 미친다.

회사 내에서 좋은 평판은 팀워크는 강력한 힘으로 작용하게 된다.

3) 시간 약속은 믿음의 기본이다

정해진 시간에 출근하는 것은 직장생활에서 기본 중의 기본이다.

시간을 지키지 못하는 모습을 보이면, 신뢰와 책임감을 낮추는 결과를 초래할 수 있다.

출근 직후가 업무 집중력이 높고, 업무를 시작하기 좋은 시간이다. 지각을 하게 되면 하루의 계획이 꼬일 수 있고, 업무 시작 전 필요한 준비가 늦어지게 되어 업무 흐름에 차질이 생기게 된다. 10분 정도만 회사에 일찍 도착하여 오늘의 할 일을 미리 세팅 해놓으면 정시에 퇴근이 가능해지게 된다.

또한, 지각은 직장 내 평판에 부정적인 영향을 미치게 된다. 성실하고, 책임감 있는 직원으로 인식되기 위해서는 기본적인 시간 준수가 중요하다. 특히 진급이나 평가에 영향을 미칠 수 있는 요소로, 자주 지각하는 직원은 중요한 기회에서 불리한 입장이 될 수밖에 없다.

4.
배움은 질문에서 시작된다

1) 질문은 최고의 배움이다

모르는 것은 부끄러운 것이 아니다. 모든 일을 혼자 해결하려 하지 말자.

모르는 것을 묻지 않고 혼자 진행하다 보면 실수가 발생할 가능성이 커지게 된다. 질문을 통해 명확한 이해를 가진 상태에서 일을 진행하면 정확한 결과물을 만들 수 있다. 모르는 것을 빨리 묻는 것이 일을 더 빠르고 효율적으로 마칠 수 있는 방법이다. 잘 모르는 상태에서 혼자 해결하려고 하다 보면 시간이 오래 걸리고, 일이 지연될 수밖에 없다.

질문을 하는 과정은 업무에 대해 더 깊이 이해하고 성장할 수 있는 학습의 기회를 제공한다. 질문을 통해 새로운 지식을 습득하고, 이는 결국 자신의 능력과 전문성을 높이게 된다.

회사는 협력과 소통을 통해 목표를 달성하는 조직이다. 모르는 것을 묻고

답하는 과정은 팀원 간의 신뢰와 협력 분위기를 형성하며, 자연스럽게 소통의 기회도 늘어나게 된다.

모르는 것을 묻는 것은 자신의 업무에 대한 책임감을 나타내는 행동이기도 하다. 질문을 통해 상사와 동료들에게 신뢰를 쌓을 수 있으며, 질문을 통해 주어진 일을 제대로 이해하고자 하는 자세는 책임감 있는 태도로 평가될 수 있다.

2) 잘 들어주는 사람이 중요한 정보를 얻는다

상대방의 이야기를 잘 들어주면 상대는 존중받는다고 느끼기 때문에 보다 쉽게 마음을 열게 되며, 이는 신뢰를 쌓는 기반이 된다. 신뢰가 쌓이면 직장 동료나 상사, 고객과의 관계가 훨씬 원활해져 중요한 정보를 더욱 쉽게 얻을 수 있다.

경청은 단순히 듣는 것을 넘어, 필요한 질문을 던지고 피드백을 통해 소통의 질을 높이는 활동이다. 상대의 이야기를 잘 들어야 적절한 반응을 하고, 논의의 방향을 조율할 수 있다.

이야기를 잘 들어주는 사람은 무심코 놓칠 수 있는 중요한 정보를 얻을 수 있는 기회가 많아지므로 자신에게 돌아오는 중요한 이익이 된다.

3) 건설적인 비판은 받아들이자

건설적인 비판은 단순히 문제를 지적하는 것이 아니라, 더 나아지기 위한 방향을 제시하는 것이다. 비판을 기회로 삼아 자신을 돌아보고 개선한다면, 개인적인 성장뿐 아니라 다른 사람의 시각을 이해하고, 보다 넓고 객관적인 판단을 내릴 수 있도록 도와준다. 비판을 거부하지 말고, 성장의 원동력으로 활용하자.

5.
회사가 원하는 사람,
살아남는 사람

1) 싫은 상사에게도 다정해야 한다

직장에서 상사와의 관계는 업무 효율성뿐만 아니라 개인의 스트레스와 만족도에도 큰 영향을 미치게 된다. 상사와의 관계가 원활하지 않거나 개인적으로 싫어할 경우에도, 다정함을 유지하는 태도는 본인에게 이익을 가져다줄 수 있다.

싫은 상사에게 다정하게 대하는 것은 개인의 감정을 잘 조절하고 있다는 의미이기도 하다. 직장 내에서 불필요한 감정을 드러내기보다는 긍정적인 태도를 유지하는 것은 사회적 기술의 하나라 할 수 있다. 이러한 태도는 팀원들에게도 긍정적인 영향을 미치며, 결과적으로 본인의 업무 성과에도 도움이 된다. 감정을 다스리지 못하고 싫어하는 티를 내게 되면, 상사뿐만 아니라 주변 동료들과의 관계까지도 불편해질 수 있기 때문에 이를 잘 관리하는 것이 중요하다.

또한, 다정한 태도는 업무 진행에 긍정적인 영향을 준다. 싫어하는 감정으로 인해 상사와의 소통을 회피하거나 부정적인 태도로 일관하면, 불필요한 갈등이나 오해가 생기기 쉽다. 반면 다정하게 대하면 상사도 부드럽게 반응하게 되고, 업무 진행 과정에서 협조를 더 잘 이끌어낼 수 있다. 직장 내 인간관계는 감정에 의해 좌우되기 쉬우므로, 다정한 태도는 오히려 더 나은 관계와 협력을 이끌어내는 데 유리하다.

싫은 상사에게 다정하게 대하는 것은 본인의 이미지를 높이는 데 도움이 된다. 직장에서의 평판은 업무 성과뿐 아니라 대인관계에서도 형성되는데, 감정적으로 불편한 상황에서도 성숙하게 대처하는 모습을 보여주는 것은 타인에게 긍정적으로 비칠 가능성이 크다.

이는 동료들뿐만 아니라 다른 상사와의 관계에도 좋은 영향을 미쳐, 더 넓은 인간관계의 신뢰를 얻을 수 있다.

갈등을 피하고 긍정적인 태도를 유지하면 스트레스를 줄이는 데 효과적이며, 자기감정을 보다 유연하게 다룰 수 있게 된다. 이는 결국 직장 내 만족도를 높이고, 본인에게 편안함과 안정감을 줄 수 있다.

다정함이 모든 문제를 해결해 주는 것은 아니지만, 이를 통해 더 나은 직장 생활을 만들어가는 데 도움이 되는 것은 확실하다.

2) 공부하지 않으면 회사로부터 버려진다

회사로부터 버림받지 않으려면 꾸준히 자기 계발을 해야만 한다. 회사가 어려워지면 쓸모가 다한 직원부터 버려진다. 그렇기에 우리는 공부를 게을리해서는 안 된다. 직장인이 업무에 필요한 역량을 개발하고 유지하는 것은 매우 중요한 일이다. 급변하는 산업 환경과 기술 발전에 대응하기 위해, 직장인이 꾸준히 배우고 성장해야 할 필요성은 더욱 커졌다. 이는 단순한 직무 역량의 강화만이 아닌, 개인의 장기적인 커리어 발전, 삶의 만족도 증가, 조직 내 경쟁력 강화 등 다방면에서 긍정적인 영향을 미친다.

1 직무 관련 전문 지식 학습

자신의 직무와 직접적으로 연결된 전문 지식을 학습하는 것이 필요하다. 마케팅이나 기획부서의 경우, 최신 마케팅 기법과 분석 도구에 대한 이해가 필수적이다. 디지털 마케팅의 경우 SEO(검색 엔진 최적화), 콘텐츠 마케팅, 데이터 분석을 다룰 수 있어야 하며, 이를 통해 효과적인 마케팅 전략을 수립할 수 있다.

영업부서라면 고객 관리와 설득 기법에 관해 공부하자. 이렇게 직무에 필요한 전문 지식을 꾸준히 업데이트하면 자신의 업무 효율을 높이고 성과를 극대화할 수 있다. 또한, 직무 관련 자격증을 취득하거나 새로운 기술을 배우면 회사 내에서 전문성을 인정받아 좋은 평가로 이어지게 된다.

2 소프트 스킬 학습

소프트 스킬은 직장 생활에서 반드시 필요한 역량으로, 특히 의사소통 능력, 문제 해결 능력, 협업 능력 등이 포함된다. 의사소통 능력은 직장 내외의 여러 사람들과의 소통에서 중요하며, 다양한 의견을 조율하고 갈등을 최소화하는 데 중요한 역할을 한다.

의사소통 방법을 개선하기 위해 심리학, 감정 관리에 관한 책을 읽고, 적극적으로 경청하는 연습을 일상에서 하자. 문제 해결 능력을 높이기 위해서는 창의적 사고법이나 구조적 사고법을 공부하면 도움이 된다.

소프트 스킬을 개발하는 구체적인 방법으로는 공인 리더십 교육 과정이나 갈등 관리 워크숍에 참여하는 것 등이 있다. 리더십이나 팀 빌딩과 관련된 워크숍에서는 다양한 팀 내 역할을 맡아 서로의 의견을 조율하는 경험을 할 수 있으며, 이를 통해 실질적인 협력 능력을 강화할 수 있다. 갈등 관리 능력과 관련해서는 심리학책을 통해 기본 개념을 익히고, 직접적인 사례를 접목해 연습해 보자.

3 산업 트렌드 학습

자신이 종사하는 분야의 산업 트렌드를 꾸준히 공부하는 것도 중요하다. 자신의 업무뿐 아니라 조직의 전략적 목표를 이해하고 더 나은 의사결정을 내리는 데 도움이 된다. 제약 업계의 최신 기술 동향, 신약 개발 현황, 글로벌 규제 등을 이해하는 것이 필요하다.

4 외국어 능력 향상

외국어 공부 또한 자기 계발 측면에서 추천한다. 외국어 능력을 갖추면, 글로벌 비즈니스에 대한 이해를 넓힐 수 있고, 해외 프로젝트에 참여할 기회도 늘어난다. 영어를 기본으로 하여 제2외국어를 학습하는 것은 글로벌 기업과의 교류나 해외 진출 시 큰 장점이 된다.

3) 퇴사하면 행복해질까?

회사 생활을 하다 보면 누구나 한 번쯤은 퇴사에 관해 고민하게 된다. 나 또한 그랬고, 이는 자연스러운 과정이다. 하지만 퇴사는 단순히 회사를 그만두는 것을 넘어, 앞으로의 커리어와 삶에 큰 영향을 미치는 중요한 결정이다. 세상은 우리가 생각한 것 이상으로 냉정하다. 회사라는 울타리, 시스템이 주는 힘을 무시할 수 없다.

그래도 퇴사를 하고 싶다면, 반드시 고려해야 할 사항을 정리해 보았다.

1 퇴사 이유를 명확히 정리하기

왜 퇴사를 고민하는지 구체적으로 적어보자.

업무 과중, 상사와의 갈등, 회사 비전의 불일치, 적성 문제 등 다양한 이유가 있을 수 있다. 이를 명확히 하면 퇴사가 문제를 해결할 최선의 방법인지 판단할 수 있다. 스스로에게 물어보자. 퇴사를 통해 해결될 문제인지, 아니면 다른 방식으로 해결할 수 있는 문제인지.

2 다른 대안 찾아보기

회사업무에서 오는 문제라면, 내부에서 해결 가능한 방법을 찾아보자.

부서 이동, 업무 조정, 직무 변경 등을 요청해 볼 수 있다.

3 퇴사 전 재정 상태 점검

생활비와 저축 상태를 확인해야 한다.

퇴사 후 공백기를 대비해 불필요한 지출을 줄이고 예산을 잘 세워놓아야

한다.

4 새로운 기회 준비

퇴사 후에 새로운 일을 준비하는 것은 바람직하지 않다. 회사를 다니면서

새로운 기회를 찾아야 한다. 새로운 회사에 지원하거나, 구직 활동을 시

작해 확실한 다음 단계를 준비하자.

헤드헌터나 구직 사이트를 활용해 현재 시장에서 자신의 가치를 확인해

보자. 새로운 스킬을 배우거나 자격증을 취득해 경쟁력을 강화해야 한다.

5 퇴사 결심 전, 상황을 재정비

퇴사가 단순히 번아웃 때문이라면 휴가를 내고 쉼으로써 회복의 시간을

가지는 것도 하나의 방법이며, 같은 경험을 해본 선배나 신뢰할 수 있는

사람에게 솔직히 털어놓고 조언을 받아보자. 현재 회사에서 이루고 싶은

것을 다시 생각해 보고, 목표를 달성한 후 퇴사할지 고민해 보자.

6 퇴사 후의 구체적인 계획 세우기

퇴사 후 바로 실행할 계획이 있어야 한다. 새로운 직장에 입사하는 일정, 휴식 기간, 창업 계획 등을 구체화해야 한다. 단순히 '이 회사를 떠난다'가 아니라, 어디로 가고 싶은지를 명확히 하자.

7 퇴사 의사 전달 방법

감정적인 퇴사가 아닌 이성적으로 퇴사를 통보해야 한다.

퇴사 의사는 최소 한 달 전에 상사에게 알리는 것이 좋다. 회사도 준비할 시간이 필요하다.

감정적으로 대응하기보다는, 감사의 마음을 표현하며 이직 사유를 솔직하게 전달하자.

인수인계를 철저히 하여 마지막까지 책임감 있는 태도로 업무를 마무리하자.

8 퇴사가 최선이라고 판단되면, 자신을 믿자

어쩌면 퇴사는 새로운 시작일 수 있다. 충분히 고민하고 준비했다면, 과감히 새로운 길을 선택하라. 하지만 책임은 본인에게 있다.

6.
몸과 마음을 돌보는 자기관리

1) 잘 먹고, 잘 자고, 잘 움직이자

건강관리는 개인의 삶에서 가장 중요한 요소이다.

바쁜 일상과 스트레스, 불규칙한 생활 습관 등으로 인해 건강이 나빠질 수 있다. 건강은 개인의 행복과 삶의 질에 직결되는 요소로, 이를 꾸준히 관리하는 것은 삶의 기본적인 원동력을 유지하는 데 매우 중요하다.

건강이 유지되면 일상적인 활동을 무리 없이 수행할 수 있으며, 나아가 목표를 성취하는 데 필요한 에너지를 공급받을 수 있다. 신체적 건강을 유지하기 위한 기본 요소로는 규칙적인 운동, 균형 잡힌 식사, 충분한 수면을 들 수 있다. 규칙적인 운동은 심혈관 건강을 개선하고, 체력을 증진시켜 피로를 줄이며, 전반적인 신체 기능을 강화시켜 준다.

균형 잡힌 식사는 몸에 필요한 영양소를 공급해 면역력을 높이고 질병 예방에 도움을 주며, 충분한 수면은 신체의 회복과 면역 체계 강화를 위해 필수적이다. 신체적 건강관리는 정신적 건강을 지키는 데에도 큰 영향을 미친다.

경쟁으로 인해 정신적 스트레스와 불안 요소가 많기에, 정신적 건강 관리가 중요하다. 규칙적인 운동과 휴식은 스트레스 해소에 도움이 되며, 운동 시 분비되는 엔도르핀은 기분을 개선시키고 우울감을 감소시켜 준다. 명상이나 요가와 같은 활동은 집중력과 정서적 안정에 도움을 주며, 긍정적인 사고방식을 유지할 수 있도록 돕는다. 이러한 정신적 건강 관리가 이루어지면 스트레스에 대한 저항력이 높아지고, 일상에서의 불안과 긴장을 효과적으로 완화할 수 있다.

건강관리는 사회적 관계와 업무적 성과에도 영향을 미치게 된다. 건강한 사람은 더 많은 에너지를 가지고 있으며, 이는 대인관계에서 활발한 교류와 긍정적인 인상을 남기게 된다. 신체적, 정신적으로 건강한 상태에서 사람들과 소통하면 더 좋은 관계를 형성할 수 있으며, 사회적 만족도 또한 높아진다. 꾸준한 건강관리를 통해 지치지 않는 체력과 높은 집중력을 유지하면, 업무에서의 효율성이 높아지고 성과도 향상될 수 있다.

그리고 건강관리는 삶의 질을 높이는 데 중요한 역할을 한다. 한번 잃은 건강은 회복이 쉽지 않은 경우가 많으며, 특히 만성 질환이 발생하면 지속적인 관리가 필요해지기 때문에, 예방이 최선의 방법이라 할 수 있다. 젊을 때부터 건강을 관리하면 나이가 들어서도 활기차고 독립적인 생활을 유지할 가능성이 높아진다.

이는 궁극적으로 개인의 삶에 긍정적인 영향을 미치며, 가족과 주변 사람들에게도 좋은 영향을 준다.

2) 마음의 짐을 내려놓는 기술

회사 생활을 하다 보면 스트레스를 받는 일은 피할 수 없다.

업무의 압박, 인간관계, 목표 달성에 대한 부담 등 다양한 이유로 스트레스가 생기게 되는데, 이를 잘 관리하는 것은 무엇보다 중요하다.

스트레스 해소에 도움이 되는 방법에 관해 알아보자.

1 좋아하는 음악 듣기: 활기찬 노래나 편안한 음악을 듣고 있으면, 마음이 편안해진다.

2 자연 속에서 산책하기: 공원이나 숲처럼 자연이 있는 곳을 걸으면 스트레스가 줄어든다.

3 따뜻한 물로 샤워나 반신욕 하기: 따뜻한 물로 몸을 이완시키면 기분이 좋아진다.

4 스스로에게 작은 선물하기: 좋아하는 디저트를 사거나 소소한 아이템을 구입하며 작은 행복을 느껴보자.

5 단순한 집안일하기: 청소나 정리 정돈은 마음을 안정시키는 데 도움을 준다.

3) 좋은 마음이 좋은 인생을 만든다

긍정적인 마인드는 스트레스 관리와 정신 건강에 큰 도움을 준다.

부정적인 생각은 스트레스와 불안, 우울증을 초래할 가능성이 높은 반면, 긍정적으로 사고하는 사람은 같은 어려운 상황에서도 해결책을 찾고 희망을 유지하며, 감정적으로 더 안정적인 상태를 유지한다. 이는 뇌에서 분비되는 도파민과 세로토닌 같은 긍정적 감정을 유발하는 호르몬과도 관련이 있다. 이러한 호르몬은 삶의 만족도를 높이고, 스트레스를 효과적으로 완화해 준다.

긍정적인 마인드는 문제를 해결하는 능력을 강화시켜 준다. 삶의 도전은 누구도 피할 수 없지만, 긍정적인 태도를 가진 사람은 이를 성장의 기회로 삼는다. 문제를 있는 그대로 받아들이고, 이를 해결하기 위해 적극적으로 노력하는 자세는 개인의 성장을 촉진시킨다. 긍정적인 사고는 '할 수 있다'는 믿음을 강화하며, 실패를 두려워하기보다는 배움의 기회로 여길 수 있게 한다.

또한, 긍정적인 마인드는 사회적 관계를 개선시킨다. 사람들은 밝고 긍정적인 에너지를 가진 사람들에게 끌린다. 긍정적인 사람은 공감과 배려, 이해를 바탕으로 다른 이들과 더 건강하고 의미 있는 관계를 맺고, 이러한 관계는 사회적 지지를 강화하고, 어려운 상황에서도 혼자가 아닌 함께라는 느낌을 준다.

긍정적인 마인드는 신체적 건강에도 영향을 미친다. 연구에 따르면, 긍정적으로 사고하는 사람들은 더 건강한 생활 습관을 유지하며, 면역력과 심혈관 건강이 더 좋다고 한다. 스트레스 호르몬의 과잉 분비를 줄이고, 심장병, 고혈압 같은 질병의 위험을 낮추는 데도 기여하며, 미래를 향한 동기와 비전을 제공한다. 밝은 시각은 우리의 목표를 명확하게 하고, 이를 실현하기 위한 구체적인 계획을 세우는 데 도움을 준다. 작은 성공에서도 행복을 느낄 수 있는 사람은 큰 목표를 향해 나아가는 과정에서도 희망과 열정을 유지할 수 있다.

7.
인간관계의 품위

1) 함께 사는 세상을 위한 작은 한걸음

우리가 속한 사회는 서로 연결되어 있으며, 우리의 삶 역시 다른 이들의 도움과 배려 속에서 이루어지고 있다. 기부와 봉사활동은 우리가 받은 도움을 사회에 되돌려 주는 방법 중 하나이다. 기부와 봉사는 주는 것 이상의 가치를 지닌다. 누군가를 돕는 과정에서 삶에 대한 새로운 시각을 얻게 되고, 자신이 가진 것에 감사하는 마음이 생긴다.

봉사활동을 통해 새로운 사람들을 만나고 다양한 경험을 하며, 공감 능력과 문제 해결 능력을 키울 수도 있다. 이러한 경험은 개인의 성장과 더불어 직장 내에서도 긍정적인 영향을 미친다.

많은 사람들이 '시간이 없어서' 또는 '경제적인 여유가 없어서'라는 이유로 기부와 봉사활동을 망설이는데, 기부는 금액의 크기와 관계없이 의미를 가지며, 봉사활동 역시 너무 부담을 가질 필요 없다. 월 1회, 하루 몇 시간만 할애하는 것으로도 충분하다. 중요한 것은 꾸준히 실천하려는 마음가짐이다.

기부와 봉사활동은 조직 내에서도 긍정적인 영향을 미친다.

함께 봉사활동에 참여하는 것은 동료 간의 유대감을 높이고, 직장 분위기를 더 따뜻하게 만드는 데 기여할 수 있다.

2) 거짓말은 자신을 갉아 먹는다

거짓말을 하면 안 되는 이유는 다음과 같다.

첫째, 거짓말은 신뢰를 파괴한다.

신뢰는 인간관계의 기본이며, 한 번 손상되면 회복하기 어렵다. 거짓말을 한 사람이 나중에 진실을 이야기하더라도, 그 말을 믿기 어렵게 된다. 이는 가족, 친구, 동료와의 관계를 훼손할 뿐 아니라, 사회적 신뢰를 잃게 되는 결과를 낳는다. 신뢰를 잃는 순간, 상대방과의 협력과 지원도 줄어들며, 이는 개인의 삶 전반에 부정적인 영향을 미친다.

둘째, 거짓말은 내적 불안을 초래한다.

거짓말을 하는 순간 사람은 진실이 드러날까 불안해하며, 이를 감추기 위해 추가적인 거짓말을 만들어야 하는 악순환에 빠질 수 있다. 이런 상황은 정신적 스트레스와 죄책감을 유발하며, 결국 심리적 안정과 행복감을 저해한다.

셋째, 거짓말은 자신의 도덕성을 손상시킨다.

거짓말은 일시적으로 문제를 피하거나 유리한 상황을 만들 수 있지만, 장기적으로는 자신의 명예와 도덕적 가치를 훼손하게 된다. 사람들은 정직한 사람을 존중하고 신뢰하며, 거짓말을 반복하는 사람은 점차 주변에서 고립될 위험이 있다. 또한, 자신이 반복적으로 거짓말을 하다 보면, 어느 순간 그것이 옳지 않다는 도덕적 기준조차 희미해질 수 있다.

넷째, 거짓말은 문제를 더 복잡하게 만들 수 있다. 거짓말은 진실을 감추기 위해 또 다른 거짓말을 만들어야 하는 경우가 많으며, 이는 문제를 더욱 꼬이게 만든다. 결국, 진실이 드러나면 처음 거짓말보다 훨씬 더 큰 불신과 분노를 초래할 수 있다.

8.
노력의 크기와 결과의 크기는
다를 수 있다

우리가 아무리 열심히 노력하더라도, 세상은 다양한 변수로 가득하다. 노력 외에도 타이밍, 운, 환경 등의 요소가 결과에 영향을 미친다.

비록 결과가 노력만큼 나오지 않더라도, 과정에서 배운 점들은 다음 도전에 큰 자산이 된다. 실패는 성공으로 가는 과정의 일부일 뿐이다. 노력은 결과를 보장하지는 않지만, 성공할 수 있는 가능성을 높여준다.

노력조차 하지 않는다면, 좋은 결과는 아예 기대할 수 없게 된다.

9.
현명한 재테크 습관

1) 급여의 일부는 적금이나 주식계좌로

급여의 일정 부분을 저축이나 투자 계좌로 자동 이체 설정을 하면 월급을 받는 즉시 일정 금액이 저축으로 분리된다. 이렇게 되면, 자신도 모르게 저축이 쌓이기 때문에 자산을 꾸준히 늘릴 수 있게 되어 소비를 우선으로 하는 대신, 저축을 우선으로 하는 시스템이 만들어지게 된다.

저축뿐 아니라 주식 계좌나 펀드 계좌로도 자동 이체가 가능하다면 투자를 통한 장기적 자산 증가도 기대할 수 있다. 특히 주식이나 펀드는 장기 투자 시 복리 효과를 극대화할 수 있으며, 자동 이체 설정은 자산의 장기적 성장을 돕는 강제적 투자 습관을 들이게 한다. 매달 자동으로 소액을 투자함으로써 '코스트 애버리징 효과(cost averaging)'로 가격 변동에 따른 리스크를 줄이며 평균 매입가를 낮출 수 있다.

또한, 매달 꾸준히 일정 금액을 저축하거나 투자하면 원하는 미래 목표에 더 빨리 도달할 수 있다. 결혼자금이나 주택 구입 자금 마련을 위한 구체적인 목표가 있다면, 자동 이체 설정을 통해 해당 목표 자금을 점진적으로 모아 나갈 수 있다.

급여 인상이 있을 때는 저축 비율을 점차 늘려 자동 이체 금액을 조정하면 좋다. 초반에는 낮은 금액으로 시작하더라도, 점차 급여가 늘어남에 따라 저축 금액을 늘리면 본인의 수입 변화에 맞게 자연스레 자산을 증가시킬 수 있다.

2) 절세와 환급, 연말정산 이해하기

연말정산은 근로자의 급여소득에서 원천징수 한 세금의 과부족을 파악하여 정산하는 것이다. 국세청에서 1년 동안 간이세액표에 따라 부과되었던 근로소득세를 연말에 다시 점검하여 실제로 내야 하는 소득세보다 더 내었다면 차액을 돌려주고, 적게 부과되었다면 세금을 더 받아 가게 된다. 직장인에게 '13월의 월급'이라 불린다.

연말정산은 일정 부분 세금을 돌려받을 수 있는 기회이다. 각 항목을 이해하고, 해당 항목을 최대한 활용하면 보다 많은 환급을 받을 수 있다.

1 기본공제

본인, 배우자, 부양가족에 대해 1인당 150만 원씩 공제된다.

단, 배우자 및 부양가족의 연 소득이 500만 원 이하여야 한다.

2 보험료 공제

건강보험, 국민연금 외에도 개인이 가입한 보험료(보장성 보험)가 있다면 공제받을 수 있고, 개인연금저축이나 연금저축펀드를 추가로 가입하면 공제 혜택을 받을 수 있다.

3 교육비 공제

교육비는 납입 금액 15%로 본인은 전액, 취학 전 아동 및 학생의 경우는 한도가 있다.

특수 교육비의 경우는 한도 없이 전액 가능하다.

4 주택 관련 공제

전세자금 대출이 있는 경우 이자 상환액에 대해 공제받을 수 있으며, 주택청약종합저축에 가입했다면 납입 금액에 대한 소득 공제 혜택을 받을 수 있고, 무주택 세대주로 전월세 세액공제 대상일 경우에도 공제 가능하다.

5 기부금 공제

자선단체나 지정 기부단체에 기부를 했다면 기부 금액의 일정 비율을 공제받을 수 있다. 기부금 공제는 특정 단체에 따른 한도와 비율이 다르므로, 기부 전 해당 단체가 공제 가능 단체인지 확인하는 것이 좋다.

6 의료비 공제

본인과 가족의 의료비도 공제 대상에 포함된다. 본인, 직계존속의 의료비가 연 소득의 3%를 초과할 경우 초과분에 대해 공제 혜택을 받을 수 있다. 병원비뿐만 아니라 안경, 보청기 구입비 등도 공제 대상에 포함된다.

7 연금저축 세액공제

연금저축펀드나 연금저축보험에 납입한 금액에 관한 세액 공제를 받을 수 있다.

8 중소기업 취업자 소득세 감면

중소기업에 취업한 청년이나 경력 단절 여성은 일정 기간 동안 소득세를 감면받을 수 있다. 감면 혜택은 최대 5년간 적용될 수 있으며, 연말정산 시 해당 조건을 충족한다면 절세 효과를 볼 수 있다.

9 신용카드, 체크카드, 현금영수증 공제

총급여의 25%를 초과해 사용하는 금액에 대해 신용카드 15%, 체크카드와 현금영수증은 30%의 공제를 받을 수 있다.

10.
제약회사의 성장은 멈추지 않는다

인간의 기대수명이 높아짐으로 인해 고령화는 지속적으로 진행될 것이다.

1900년대 초반 평균 기대수명이 40~50세였던 것에 비해, 현재 선진국에서는 80세를 넘고 있다. 경제적으로 아무리 힘들어도 아프면 병원을 가고, 약은 처방을 받게 되어있다. 그러므로 제약산업은 계속해서 발전할 수밖에 없다. 제약회사는 계속해서 인재를 필요로 할 것이다.

신약 개발, 디지털 기술 융합, 맞춤형 의료, 글로벌 시장 확대 등을 통해 지속적으로 성장할 것이며, 질병 치료를 넘어, 예방과 건강관리까지 아우르는 통합 헬스케어 생태계를 구축하며 인류의 삶의 질을 높이는 방향으로 진화할 것이다.

제약산업은 단순히 약을 팔아서 돈을 버는 곳이 아니라, 세상을 더 건강하고 안전하게 만드는 중요한 산업이다.

인류에 직접적인 도움을 줄 수 있는 가치를 창출하는 곳이라 할 수 있다.

사람들의 생명을 구하고 삶의 질을 높이는 큰 그림에 기여함으로 제약회사는 끊임없이 성장할 것이다.

이 책의 첫 문장을 쓸 때 저는 1가지를 떠올렸습니다.

'제약회사에 관해, 누군가는 정확한 정보를 알려줘야 한다.'

그 마음으로 시작했고, 어느덧 마지막 장을 함께 넘기게 되었습니다.

이 책을 끝까지 읽은 지금

당신은 분명히 이전보다 더 단단해졌을 것입니다.

모호했던 직무에 대한 이해도 생겼고

막연했던 취업 준비가 구체적인 방법으로 바뀌었을 겁니다.

그러나 잊지 마세요.

제약회사는 들어가는 것이 전부가 아니라

들어간 후 어떻게 살아남고 성장할 것인가가 훨씬 더 중요합니다.

이제 책은 닫히지만

당신의 도전은 지금부터 시작입니다.

긴 여정의 끝에서, 저는 이제 한 발 물러나

당신의 시작을 조용히 응원하겠습니다.